JN119411

心の大変革

―あたたかい心が幸せを築く―

中臺勘治

養徳社

はじめに

陽気ぐらしは、心の大変革から

お道（天理教）とは、一体何だろうか？　信仰体験がない人からすれば、大げさに聞こえるかも知れないが、それは、心の中に大変革を生み、考え方を変え、生き方を変え、崩壊寸前の家庭を改善し、不治と言われる身体を元気にし、心を陽気にする。そんな力があるのではないかと思う。

誰もが求める陽気ぐらし。それは、相手が変わり、世の中が変わる中にやってくるのではない。自分の心の中が変わり、考え方、生き方が変わる。そんな中にやってくるということを、第一に知りたいと思う。

私の曾祖父は、鰹節問屋を営んでいた。ひどい熱病を患う中、お道の話を聞き、奇跡的にたすかった。それだけではない。道一条を定めてから、たて続けに亡くなっていた五人の子供が、以後は一人も欠けずに五人育ったのである。

家内の祖父は、ソバ屋を営んでいた。陽に当たると鼻や耳から血が出てくるという奇病になった。ご臨終という時、奥さん（祖母）がお道の話を聞き、商売を辞めて道一条の心を定める中に、祖父は息を吹き返し、元気になった。

実に不思議なことである。信じがたいことである。しかし、それが現実なのである。

その証拠に、私の曾祖父は、たすかった感激の中で、沢山の人をたすけて、埼玉県に本庄分教会を設立することになった。家内の祖父は、同じく、沢山の人をたすけて、東京都に報國分教会を設立することになった。

なぜ、たすかったのか？　なぜ、沢山の人をたすけられるようになったのか？

それは、お道の話を聞いて、心に大変革が生まれたからである。

私自身、二十歳の時、一年間悩み苦しんだ暗雲の生活が、快晴の生活へ転換した。お道の「陽気ぐらし」の教えに触れたその時から、閉じこもった暗い勇めない生活が一変して、信じられないくらい明るく元気になった。いくら考えても、周囲の状況で、変わったところは全く無かった。唯一つ、お道の教えで、心の中が変わったのである。

私は、陽気ぐらしの教えに感激して、もう五十年になる。それは、深く悩んだ中でお道の教えに触れ、心に変化が起こった。そこから始まったのである。大体、心の変化は、にっちもさっちも行かない苦悩の中で起きるのだと思う。なぜならば、そんな時こそ、心の目が開かれ、心の転換がなされなければならない時だからである。

たすかりたいから、たすけたいへ

私の体験からすれば、行き詰まる時は、可笑しいほど気が付かずに、陽気ぐらしと真反対の考え方、即ち、喧嘩ぐらし、病気ぐらしの考え方をしている時なのである。自分の幸せばかり考え、人の幸せに全く無関心なのである。さらに困ったことには、行き詰まるほど、ますます自分への執着が強まり、人間関係が崩壊し、遂には袋小路に入ってしまう。仕事は行き詰まって借金の山が出来、身体は病気に冒されて、身動きが出来なくなってくる。そこから脱出するのは実に難しい。至難の業である。

一体、どうしたら良いのであろうか？　自分の考え方を捨て、心の大変革をする以外にない。ここに信仰の力があり、お道の素晴らしさがある。たすかりたい側に対して、「お道の信仰で一番大切なのは、信じ切ることです」と諭される由縁でもある。

信仰というものは、実に不思議なものである。ほとんどの人が、聞いてわかって、実践したのではない。聞いて、実践する中に、わかってきたのである。

物の見方の根本、人生観が変わるということは容易なことではない。自分の幸せばかりを考えていた人が、他人の幸せを考える。まさに考え方、生き方の大転換である。それは「人をたすけて我が身たすかる」と聞いて、実践する中に、自分が明るくなって、勇んでくる。究極的には、実践の中でたすかるから、なるほどとわかってくる、ということなのである。

また、人をたすけるというが、自分が裕福だったり、健康な時のことではない。貧乏のどん底、家庭は荒れ放題、病気で伏す身など、にっちもさっちも行かない時である。まさに、八方塞がりの中、人に縋（すが）りたい時に、人だすけに励む。お道の先輩たちは、皆そのような非常識とも言える道を辿って幸せになったことを、決して忘れてはなるまい。

さて、お道は人の幸せを第一に考えるようになるだけではない。多くの点で考え方が変わる。喧嘩・病気ぐらしと陽気ぐらしは真っ向から裏腹なのである。陽気ぐらしの考え方、生き方への変化は、本書の中でいろいろ書かせて頂いた。

第一章『陽気ぐらしの考え方』として、「陽気ぐらし」―欲と争いから、感謝とたすけ合いへ。「あほう真実」―人間思案から、あほう真実の心へ。「かしもの・かりもの」―身体は自分のものから、神様からのかりものへ。「神様」―自分中心から、神様中心へ。「いんねん」―この世は偶然の世界から、理の世界へ。「元初まりの話」―元を知らない暗黒の考え方から、元を知る明快な考え方へ。

第二章『陽気ぐらしの生き方』として、「人をたすけて　我が身たすかる」―たすかりたいから、たすけたい心へ。「自分が変われば　全てが変わる」―人を責める心から、自分が変わる心へ。「尽くして求めず」―求める心から、尽くす心へ。「節から芽が出る」―病気や争いは困った事から、幸せへの手引きへ。「たんのう」―困ったときこそ、喜んで通る。「ひのきしん」―行き詰まったときこそ、喜びの種を蒔く。

第三章『陽気ぐらし世界への道』として、「現代社会とお道」―表面（見える世界）の解決から、根本（心の世界）の解決へ。「教祖に思う」―一農婦（人間）から、陽気ぐらし世界への道標（月日の社）へ。「ようぼく」―単なる信仰者から、たすけようぼくへ。

だから、お道の教えが心に治まってくると、心に大変革が生まれるのである。

ここで肝心なことは、それぞれの考え方、生き方はバラバラではない。すべては一つなのである。すべてが陽気ぐらしへ向かっている、ということである。

敢えて、わかり易くするためにシンプルに言うならば、すべてのお道の教えが総結集し、欲と争い、人間思案、自分中心、人を責める心……等（つめたい心）から、感謝とたすけあい、あほう真実、神様中心、自分が変わる心……等（あたたかい心）へ、心の大変革を生み出しているということなのである。そして、すべての人間の行き詰まった悩みを解決している、ということなのである。

不治の病気が続々たすかる

お道の初代は、人生全般の悩みもあるが、多くが病気からの入信である。不治の病ほど、苦しく、辛いものはない。だから、まさに命がけで真剣に聞いた。信じて実践する中に、心に明るさが生まれ、教えが深く深く心に沁みて、心に変化が起こった。それと共に、身体にも変化が起きてたすかった。その感激の中で、さらに教えが心の底まで深まっていったことは想像に難くない。

ちなみに、日本橋大教会史を開くと、教会初代の病気治癒からの入信は、全体の七三・七パーセントである。それも医者から匙を投げられた病気がほとんどである。入信の年齢を調べると、十六歳から四十歳の青年層が七八・二パーセントである。ほとんどが敏感な若者で、不治の病という人生の苦難から、お道の教えに触れ、心の大変革と共にご守護を頂き、陽気ぐらしへの道を歩むようになったことがわかる。

が、ここで思う。お道も教祖御身お隠し以来幾多の年月を経て、三代、四代の信仰者が増えてきた。初代、二代のご苦労のお陰で、実に結構になった。大した身上・事情もなく有難い限りである。が、それが本当に有難いのだろうか?

冒頭に書いた通り、初代はほとんどが不治の病からたすかった。教えの深さとたすかった感激の中で、燎原（りょうげん）に火を放つ勢いでお道は広まった。が、代が変わり年月を経る中で、燃えた感激も薄らぎ、世間の常識に流れ、教えすら忘れられていく感がある。

陽気ぐらし世界実現のカギを握る素晴らしい教えでありながら、なかなか伝わっていかないことを残念に思う。

ここで目指すことは、事情・身上で悩んでいる人、お道を知らない人は勿論、お道の感激が薄れた人にも、お道の何たるかを少しでもわかって頂き、陽気ぐらしへ向かって共に歩ませて頂きたいという一点に尽きる。

かみがでゝなにかいさいをとくならバ
せかい一れつ心いさむなり
（よろづよ八首）

と教えられる。「神様がこの世に現れて、詳しく説いたならば、なるほどなるほどと得心をして、世界中の人間が明るく勇んでくる」という意味だと思う。

お道の教えは、陽気ぐらしの教えである。心鎮めて聞けば、誰でも明るく、勇んでくる。どうにもならない家庭のゴタゴタや不治の病気もたすかって、世界中が勇んでくる、ということである。

くどいようであるが、それは、自分自身の心の大変革から始まるのである。

本書の中で、少しでも陽気ぐらしの考え方、生き方を知って頂けたら幸いである。そして、冒頭に書いたように、家庭のゴタゴタを改善し、ボロボロの身体さえ元気になる。暗い心が陽気になる。そんな人が一人でも出てきたら、望外の喜びである。

中臺勘治

目次

目　次

第二章　陽気ぐらしの生き方

人をたすけて、我が身たすかる　―たすかりたいから、たすけたい心へ―

第三章　陽気ぐらし世界への道

表紙デザイン　下夕村　美暁

第一章　陽気ぐらしの考え方

陽気ぐらし
―欲と争いから、感謝とたすけ合いへ―

動物界は弱肉強食。だから、強い動物が弱い動物を食べて生き残っていく。同じように、強い人間が弱い人間を支配するのが当然と思う。今時、そんな極端な人は少ない。が、人を馬鹿にする。暴力を振るう。それも同根ではあるまいか。そこには、思いやりがない。人としての心がない。振り返れば、私自身、そんな時もあった。

が、お道の信仰に入って、心の中は変わってきた。

人間創造の「元の理」の冒頭に、「人間を造り、その陽気ぐらしをするのを見て、ともに楽しもうと思いつかれた」とある。（天理教教典　第三章「元の理」25頁）

人間は神の子、一列兄弟姉妹。たすけ合う陽気ぐらしを楽しみに創造されたと知る。

欲と争いから、感謝とたすけ合いへ。まさに心の大変革。そこに、陽気ぐらしへの道が始まる。お道を信仰する大きな意味があると言えよう。

今、陽気ぐらしをしているか？

自分自身を振り返って、「今、陽気ぐらしをしていますか？」と聞かれると、はなはだ自信がないのである。

子供達からも、「お父さん、なに難しい顔をしているの？」と時折言われる。

写真を見て、「眉間（みけん）にしわを寄せたような顔をしている」とも言われる。

陽気ぐらしが肝心。陽気ぐらしが最高。

そう思っているのであるが、なかなかなれないのが陽気ぐらしである。

しかし、なれなくても良いと思う。陽気ぐらしが人間の目的だ、ということを信じているだけでも大いに幸せだと思う。

人間関係でイライラした時、恥をかいてクヨクヨした時、失敗してガッカリした時、陽気ぐらしの言葉を思い起こすだけで、心がスーッとしてくる。

腹が立った時、恨み心がわいて来た時、心が引っ掛からない。だから、深みにはまっていかない。これが実に有難いと思う。

誰でも、癖性分というものがある。だから、陽気ぐらしが肝心と言っても一朝一夕にはいかない。それでも良いと思う。

人間が生まれた目的は、陽気ぐらし。

この人間が生まれた目的がわかると、自分の反省だけではない。人や世の中をどう見るか？　物事を見る目が出来てくる。ここがまた素晴らしい。

いくら頭が良くても、力があっても、お金があっても、陽気ぐらしのために使われていないならば、つまらないものと思えてくる。

いくら科学が発達しても、生活が豊かになっても、それが陽気ぐらしに添っていないならば、むしろ害になることが多いとわかってくる。

まず、人間は陽気ぐらしをするために生まれてきた。これを心に刻みたい。

そんな中から、陽気ぐらしへの第一歩が始まるのだと思う。

陽気ぐらしを想えば

ある人がこんな話をされた。

「不足々々の時、心が沈んでいる時は、ちょっとしたことが気にかかるんです。ところが、陽気ぐらしと想うだけで何だか明るく勇んできて、あまり引っ掛からずにスイスイと行くんです」と。

なるほどと思わせて頂いた。

人から悪口を言われたら、自分の言った悪口が一つ消えると思える心。

病気になったら、神様が温かい親心から注意してくださっていると思える心。

恥をかいたら、尖(とが)った固い心が丸くなると思える心。

挙げれば切りがないが、陽気ぐらしを想えば、嫌な時にも明るく勇んでくるような思いが浮かんでくる。

脳溢血で手足が自由に動かなくなった瓦職人さんが、「働けなくなったお陰で、家にいる時間が多くなりました。そのお陰で本が書けたんですよ」と、私に素晴らしい本をくださった。

あるご婦人は、結婚後に夫婦仲がうまくいかず数カ月で離婚した。その後、努力の末に医学部教授になり、世界の名門ハーバード大学の客員教授にもなった。

そして、こんなことを言われていた。

「私は、離婚して本当に良かったと思っています。自由な時間が出来たので、勉強が出来て、世界の桧舞台で活躍できるようになりました。今は毎日が有難く、生き生きしています」と。

この世の中、何が幸いするかわからない。要は、どんなことも神様のなさること。すべては、陽気ぐらしにつながっていると知ることだと思う。

この世の目的は陽気ぐらしと想えば、具合の悪いことに引っ掛からずに、それをバネとして大きな幸せが作り出されてくる。

何が起こってくるかが問題なのではない。それをどう受けとめ、どう対処して行くかが最も重要なのではあるまいか。

満足という心

『天理時報』に、こんな言葉が載っていた。

満足というものは、あちらでも喜ぶ、こちらでも喜ぶ。喜ぶ理は天の理に適う。適うから盛ん。

（おさしづ　明治33・7・14）

陽気ぐらしの心というのは、「満足の心」だとも言えると思う。その満足の心、喜ぶ心は天の理に適うから、より盛んになってくる、という。

確かに、元気に活躍している人をみると、満足の心、感謝の心が強いように思う。一代で大教会を作られたK先生は、陽気ぐらしを追い続けて、明るく元気に九十歳まで、寝る暇もないほど大活躍された。

振り返ってみれば、遺された言葉は「喜ぶ心に、夜が明ける」、「春夏秋冬みな好き日」など、明るい、陽気な、勇んだものばかりである。

ある時、講演台に立とうとした。すると、司会の人から「先生はいつもお忙しくて、お疲れ様です」と声をかけられた。

すると、それを聞いたK先生は「お疲れ様とは、余り好くない。お勇み様です、と言って欲しい」と注文をつけたほど、元気に明るく通られた。

医学的にも満足の心、感謝の心が身体には大変良いと言われている。それは、精神身体医学の創始者であるハンス・セリエ博士が、ストレス学説を唱えてからであろうか。以後、実に多くの学者が諸説を発表している。

陽気ぐらしは、お道の信仰者のみならず、みんなの願いでもある。

陽気ぐらしの実現は、自分の幸せのためであり、周りの者の幸せのためであり、世界中の幸せのためでもある。

さて、現実は？　というとなかなか陽気ぐらしどころではない。

家庭はバラバラ、健康はガタガタ、仕事はサッパリない、という人も多い。

そこで、陽気ぐらしをいろいろな角度から見つめ直してみたいと思う。

苦労を喜ぶ陽気ぐらし

今さら、陽気ぐらしとは何か？　とは、信仰の入り口にもどったような話であるが、整理をする意味でいくつか挙げてみたいと思う。

その一つは、どんな苦労も喜ぶ心だと思う。

にんけんハみなく〳〵神のかしものや
なんとをもふてつこているやら
（おふでさき　三―41）

とある。それは、今ここで生きている、という有難さを知ることではあるまいか。最近、国立病院の清掃のアルバイトを始めた人が、死を待つばかりの人や、霊安室の様子を目前に見て、元気に働けることの有難さに感謝していた。

つい忘れてしまうのが、この身体が「かりもの」であるという有難さである。目が見える。耳が聞こえる。手足が動く。それだけでも何と有難いことか！　困ったことが起きたときには、まず第一に、人間が、作ることも真似ることも出来ない、この絶妙な身体の働きに大いに感謝させて頂きたい。

さらに、信仰年限を重ねて、

心さいすきやかすんだ事ならば
どんな事てもたのしみばかり
（おふでさき　十四―50）

とあるように、心を澄ませて、どんな苦労も自然に喜べる自分になったら最高である。しかし、これが難しい。頭では、誰でもわかる。そうしようと思う。が、都合の悪いことが起きて来たり、面白くないことがあったりすると、どうしてもイライラして、腹が立ったりしてしまうのである。

そこに、お道の信仰がどうしても必要になってくる。十年、二十年と信仰を続けているうちに、だんだんとお道の教えが心に沁み込んでくる。心が澄んでくる。すると、どんな苦労も喜べる心になってくる。日々に、神様のご守護を感じ、ご恩報じの道を歩みたくなる。

心に積もったほこりを払う道を、生涯かけてコツコツ歩ませて頂きたいと思う。

交通事故のお礼参り

ある人の息子さんが、交通事故を起こされた。とても高価な高級車であったそうである。その車は、メチャクチャになり廃車することとなった。

普通ならば、車が壊れて残念無念。えらい損をした。面白くない。喜べない。この不満を何処にぶつけたらいいのだろうか、というところである。

しかし、長年お道の教えを聞いた両親は、その月におぢばへお礼参りに帰られた。何故かというと、車は壊れた。大変な損をした。けれども、息子の身体は怪我がなかった。有難いことである。大難を小難にお連れ通り頂いた。何としても、おぢばへ帰ってお礼をさせて頂かなければ、ということである。

その様子を見て、こういう明るいものの受け方こそ、お道の見方・陽気ぐらしの考え方だと嬉しく思わせて頂いたのである。

「不足は不足の理回る」「喜ぶ理は天の理に適う。適うから盛ん」と聞かせて頂く。

事故で不足して、ガッカリした、残念だと悔やんで通れば、きっとまた、困ったことが起きてくるに違いない。しかし、事故を、良かった良かったと喜んで通れば、この次は、きっと嬉しいことが起きてこよう。

先のことを考えたら、どんな中でも喜びに変えて通らせて頂きたいと思う。

また、お道の先輩は「失ったものが身をたすける」と、大切なものを失った中を、有難い、結構と明るく勇んで通られた。

長い人生には、上り坂もある。下り坂もある。まさかという坂もあるというが、本当にいろいろなことがある。上り坂で喜べる時は、喜んだら良い。しかし、下り坂でも、まさかの坂でも喜ばせて頂きたい。下り坂やまさかの坂が、実はいんねん納消の道にもなっているからである。「病んで果たす道もある」とも聞かせて頂く。

一生懸命に働いて、苦労ばかり。それは、いんねん果たしをしているのである。

どんなことも陽気ぐらしを望まれる神様のなさること。喜びの心、たんのうの心で、先を楽しみに通らせて頂きたいと思う。

たすけ合いの陽気ぐらし

全国を所狭しと活躍していたあるお道の先輩に、「陽気ぐらしとは何ですか?」と突然聞いたことがある。

すると、じっと考えた末に「二つが一つになることだよ」と話された。なるほど、本当にそうだと思った。

人間の悩みや苦労は、一つにならない中にあるのだと思う。誰にとっても、家庭の温もりほど大切なものはあるまい。

ところが、顔を合わすとケンカばかりしている夫婦もある。話し合うことすら出来ない親子もある。どうしても二つが一つにならないのである。

家庭が崩壊し、独りぼっちになった人が、寂しさの中で「これからは、独りにならないような生き方をしたい」と深く反省をしていた。バラバラになって始めて知る円満家庭の有難さ、夫婦・親子のたすけ合いの大切さであろう。

家庭がバラバラ、会社の人間関係がバラバラという事情をすっきり解決しておかないと、その次は、身上（病気）というさらに困った事態に進む。

仲良くならない時には、相手が悪いと思いやすい。そこで、神様は「相手が悪いのではない。あなたが悪いのだ。ゆっくり休んで考えなさい」と、身上にお知らせくださる。

さて、互いにたすけ合う、仲良くすると簡単にいうが、これがなかなか難しい。どうしても仲良く出来ない時は、神様に心を向けたい。すると、お道の心が湧いてくる。相手が悪いと思うより、神様が何かを教えてくださっているという思いも出てくる。

どういう人とめぐり合うのも、徳一杯。深いご縁で一緒になる。そんな反省の心が出て来たら、楽しみである。責めるより、自分が変わることに心が向く。

そんな温かい心で、互いにたすけ合う陽気ぐらしを築き上げていきたいと思う。

責めるより、自分を変えよう

責めて相手が変わるならば、責めたら良い。しかし、なかなか変わるものではない。それより、自分が変わったら良いのではないか。
今、教会には大勢の住み込みさんがいる。
聞かせて頂くと、それぞれにいろいろな道中を通って来ている。
住み込みさんの大半は、家族とご縁の薄い人である。それぞれに事情はあろう。
が、家族がバラバラになりたいと思ってそうなった人はあるまい。どういう訳か、
そうなってしまったのである。
また、一つの職場で仕事を貫いてきた人もあまりいない。そうなりたくてなった
のだろうか？　出来れば、安定した仕事をしていたかったのではあるまいか。
そんな住み込みさんが大勢集まって教会生活をしている訳であるが、二十年余り
前に二人、三人と住み込んできた頃は、バラバラだった。その頃と比べると、今は
かなり良く治まって来たように思う。
何故だろうか？　それは、神様を身近に生活しているからだと思う。神様のお心
が知らず知らず身体に溶け込んで来る。だから、治まってきたのだと思う。
ある住み込みさんが、仲の悪い人に自分から進んで挨拶をしていた。その姿を見
て、だんだんとお道の心が身に付いてきたなあと喜ばせて頂いた。

大教会へ行った時など、広い食堂なのでバラバラで食事をとっていた。が、最近では一つに集まって食べている姿を見て、良かったなあと思う。

陽気ぐらしとは、仲良く暮らすことだと思う。二つ一つの生き方である。

二つ二つの生き方。そこに人間の争い、悲劇が始まる。

そんな時は、神様に近づきたい。教祖のひながたの中に、八つのほこりやいんねん自覚の中に、人を責めるよりも自分が変わる生き方を学びたい。

そして、誰とも仲良く暮らす陽気ぐらしを実現していきたいと思う。

親子団欒の陽気ぐらし

青年会のスローガンに、「親孝行、夫婦仲良く、陽気ぐらし」とある。

陽気ぐらしの姿を、一言で良く表しているが、実に含蓄のある言葉だと思う。

夫婦がたすけ合うだけでは、本当の陽気ぐらしにならない。

年老いた親がいる。どんなところにも、元がある。中心がある。その中心を大切にする中に、全ての治まりがやって来るということである。

最近、家庭崩壊、学級崩壊、大型倒産、環境破壊、民族紛争等々……、やたらと危なっかしい言葉が、次々と出てくる。

どうしてこんなにせわしい、不安定な世の中になってしまったのか。どうもおかしいと、昔を懐かしむ人も多いのではあるまいか。

その一因には、「親孝行の心」が薄れて来たことがあげられるのではないだろうか。「親は根」と聞かせて頂く。根を粗末にすると幹も枝葉も枯れてくる。すべてのものが混乱し、崩壊してくるのである。

今時の年老いた親の中には、本当に気の毒な人もいる。息子夫婦のいやがらせで小さくなって食事もろくろく食べられない。悩んだ挙句、行き場を失った老人の自殺者がかなり増えている。

親不孝な親の子は、なかなか素直に育たない。子が親を「あんた」と呼ぶ。「○○さん」と名前で呼ぶ。ひどいのは、「おい」とか「ばか」と呼んだりするようになる。子供は、親の通った姿をそのまま演じる名優である。

親不孝の連鎖の中で、温もりの元である家庭がどんどん崩壊に向かっている。

宇宙にも、会社にも、学校にも、家庭にも、それぞれに中心がある。家庭の中心は親である。その中心を守る中に安定と治まりがある。現代人の自分中心のわがままな心が、混乱、崩壊、病み、患いを増長させていると言えよう。

まず、身近な「親孝行」から始めたい。そして、すべてが明るく治まる陽気ぐらし世界に向かって、励まし合いながら歩ませて頂きたいと思う。

おぢば帰りは陽気ぐらしの元

話は変わるが、おぢば帰りが実に大切だと思う。

ある人は、老齢になり、丈夫に過ごさせて頂きたいと月参りを心定めされた。

ある人は、自分の身上が少しでも良くなるようにと心定めをされた。

ある人は、子供の身上から心定めをされた。

いろいろな思いはあろうが、おぢばへ帰らせて頂くことの素晴らしさを思う。

なんでもなんぎハさヽぬぞへ
たすけいちじよのこのところ　（みかぐらうた　五下り目　七ツ）

とあるように、おぢばこそ全てがたすかる、救済の源泉と教えられるからである。

おぢばは人類の故郷・親里である。世界の中心である。おぢばへ帰らせて頂くたびに、親孝行の心、中心を大切にする心が育つ。そこにたすかって行く道がある。

匂いがかかったといっては、お願いに歩いておぢばへ帰り、ご守護頂いたといってはおぢばへ帰られた先輩もおられた。そして、ある大教会の礎を築かれた。また、身上の身体を押して、やっとの思いで自転車でおぢばへ帰り、スッカリご守護を頂かれた先輩もおられた。

親を思い、故郷を慕って帰る子供の心は、どんな苦労も吹き飛んでしまうほど喜びと勇み心で溢れていたであろう。そんな明るい勇んだ心が、ご守護の元であったのではあるまいか。

親孝行な人は、温かい心の人が多い。親のことを考えたらデタラメが出来ない。だから、幸せになっていく人が多い。

人類の親は、親神様、教祖。その親がおられる親里おぢば。親を慕い、おぢばへおぢばへと心を運び、足を運ぶ。そんな人が増えてくることは実に楽しく、嬉しい限りである。

さらに大勢の人におぢばへ帰って頂き、陽気ぐらし世界建設への足取りが力強く進んでいったらと、また勇み心が湧いて来るのである。

尽くして嬉しい陽気ぐらし

よくをわすれてひのきしん
これがだいゝちこえとなる
（みかぐらうた　十一下り目　四ッ）

お道の人は、ちょっとした暇を見つけて、いそいそとひのきしんをする。

教会でも、毎朝神殿や廊下の掃除が終わると、みんなで駅から教会までの掃除に出かける。大教会へ行くと、布教の前に境内地の清掃をさせて頂く。

信者さんの中にも、忙しい時間を割いてにおいがけ活動やひのきしんに参加してくださっている方もおられる。

お道では、求めるより尽くすことに一生懸命になる。

それは、蒔いた種だけの人生。通った道だけの人生。尽くしただけが自分のもの。そんな教えを聞かせて頂けばこそのことである。

私は、授かったもの、与えられたものは頂くが、自分の着るもの食べるものは買わない。その分をおつくしさせて頂く。そう心を定めてもう五十年になる。

大変なことのように思うかもしれないが、買わないのだから、選ぶ時間も苦労も必要ない。面倒がなくて実に気楽だと喜んでいる。

その分は、わずかでも大教会へのおつくしに回している。そんな中で思うことは、自分のことは考えずに尽くし切っていれば、貯金が全くなくても教会の土地を買わせて頂けた。神殿も立派に建てて頂いた。自動車が動かなくなったらすぐ買わせて頂けた。実に有難い、ということである。成って来る姿には、どんなものにも蒔いた種がある。

家庭円満も然り。仕事がうまくいくのも然り。物やお金に恵まれるのも然り。健康な身体に恵まれるのも然りである。偶然ということは絶対無い。必ず蒔いた種がある。ならば、恵まれるための種まきを精一杯させて頂きたいと思う。

陽気ぐらしとは、求める心よりも、喜んで尽くす中にどんどん近づいて来るものではあるまいか?

ある教会の姿

昔、ある教会へお話に行かせて頂いた。その時は、大教会にも勝る堂々たる神殿、教職舎、大勢の人に目を張ったのである。

大教会からすれば、部下教会の、その部下教会の、その部下教会である。そんな末端の教会なのに、なぜそれほどに大きくなったのだろうか？

それは、おたすけに励まれたことは勿論であろうが、特に物を大切にして、おつくし一条で通られたからと、その教会を知る人から聞かせて頂いた。

こんなエピソードがある。

だんだんと教会が大きくなり、授かった高級車に乗られるようになった時のことである。道路に一本の木が落ちていた。会長さんは車を止めて、勿体無いから薪にするようにと教会へ持ち帰られた、という。

また、信者さんの家で火災があった。その火災の焼け跡も痛々しい中で、教会の親奥様は「人がたすかる種を蒔きなさい」と勧められた、とのことである。

まず、一つの悟りだが、財産を無くすというのは、よほどいんねんが深いのかも知れない。だから、「真実を尽くしなさい」ということである。

自分も出しきっていたから言えることだと思う。また、理の世界を知っているからこそ言えることだと思う。そんな厳しい仕込みの中で、信者さん達はいんねんの納消と徳積みに励まれ、どんどんたすかって、教会は立派なたすけ道場に成っていった。

「尽す功に成らん理はあろうまい」と聞かせて頂くが、そのものの実践である。

また、誰でも尽くす時は大変であるが、喜んで勇んでさせて頂きたいと思う。

「どんな辛い事や嫌な事でも、結構と思うてすれば、天に届く理、神様受け取り下さる理は、結構に変えて下さる。なれども、えらい仕事、しんどい仕事を何んぼしても、ああ辛いなあ、ああ嫌やなあ、と、不足々々でしては、天に届く理は不足になるのやで」

（天理教教祖伝逸話篇　一四四　天に届く理）

とある。喜んで尽くす中に、誰もが陽気ぐらしへの道を歩ませて頂けるのではないだろうか。

あほう真実

―人間思案から、あほう真実の心へ―

ほとんどの人は、自分の幸せが第一。どうしたら幸せになれるか？　一生懸命に考える。私自身、自分の将来、自分の能力、そんな自分のことばかり考えている時があった。自分のことを考えると、自分が幸せになると思う。が、実は逆である。自分に囚われると暗くなる。皆から嫌がられる。そういうことがわかってきた。

学校卒業後、道一条を定めた時、父がこんな話をしてくれた。

「神様を見たいか？　神様を見るには、あほう真実で通ることだ。自分を捨てて、真実の心でぶつかってみな。出来ないことが出来てくる。そこで神様がわかる」と。初めて聞いた時、訳がわからなかったが熱いものを感じた。が、年限が経つほど味わい深くなって、今は困った時などに思い起こす大切な言葉となっている。

人間思案からあほう真実へ。心が変わると、陽気ぐらしがグーンと近づいて来る。

あほうは大きい心

あほうは駄目で、利巧が良いというのが相場である。が、どちらが幸せのために良いか、よくよく考えてみたいと思う。

昔の教会の拝殿に、大書した紙を張っていた。

あほになれ、ばかになれ

喧嘩は負けよ

余計働いて、少なくもらい

困ったことが起きたら、結構結構と唱えよ

考えてみれば、目先の小さなことに囚われて、争いになったり、ストレスから病気になったり、大切な人生を台無しにしていることが本当に多い。なるほど、あほうになって、バカになって、損して通る。ここが大切だと思う。

ある宇宙飛行士は、宇宙から地球へ帰ってきて、「小さな地球の中で、いがみあったり争ったりすることは、なんとつまらないことかと思った」と言っていた。

利巧な人は、なんでも気がつく。小さなことでもわかっている。気がついている。わかっている、というのは良いように思うが、つい、気にかかる。許せない。我慢がならない、となってしまう。

だから、あほうになればいいと思う。

どんなことも気にしない。恥をかいても、失敗しても気にしない。

馬鹿にされても、悪口を言われても気にしない。

あほうは、大きいという。

利巧は、小さいという。

ただ、心に温かい真実を忘れず、ひたすらに一生懸命生きる。

人にはわからなくとも、神様だけはわかってくださっている。

そんな大らかな、あほう真実の道を歩みたいと思う。

あっぱれ長寿者の健康法

あほうになれ。

もっとしっかりあほうになれ。

これが私の健康法。

はっきりした文言は忘れたが、そんな意味の句を詠んだK先生は、確か百五歳くらいの長寿を全うした本部員先生であった。

「もっとしっかり……」と強調しているあたりが、実に面白い。

最近は長生きになったせいか、老後の過ごし方に関することが毎日のようにテレビや新聞で伝えられている。

誰でも老後を、健康に、楽しく過ごしたいと願っている。が、その秘訣は一体どの辺にあるのだろうか？

それは、あほうになることではないかと思う。

三世代家族が仲良く暮らしているご主人にその秘訣を聞いた。すると、「賢くなったら駄目です。あほうになれば、全てが治まってくるのです」と。

特に、年をとったら、あほうになることだという。若い者とは考え方が全然違う。気にかけるとストレスがたまるから、若者の行儀作法なども気にしない。

いわゆる「もっとしっかりあほうになる」ことである。

認知症とあほうは全く違う。

認知症とは、あほうになれない人が、イライラを重ねて患う病気とも言う。

人間の脳細胞は、通常でも一日に十万個死滅する。ところが、イライラすると三十万個、五十万個死滅すると言う。だから、勝気なお年寄りは気をつけなければならない。息子夫婦や他人にやりこめられて患いやすいのである。

ともかく、あほうになって、何事も喜んで過ごすこと。

呆（ほう）けてはどうしようもない。トボケて暮らすことである。そんな中に、いつまでも健康な、陽気ぐらしがやってくるのではあるまいか？

底無しの親切

「お道の親切は、底無しの親切。底があってはいけません」

教祖九十年祭の時、おぢばで受け入れの係をした時に、聞かせて頂いた言葉である。

底無しの親切とは、良い表現だと思った。底がない。これで良いということはない。どうしたら喜んで頂けるか、全力で頑張るということである。

ご本部に参拝をさせて頂いて、まずびっくりするのが神殿境内掛の人達の親切なことである。靴が汚れていれば、参拝中に綺麗に磨いておいてくれる。拝殿から出てくれれば、さっと靴べらを持って来てくれる。実に気持ちが良い。それこそ、底無しの親切と言えよう。

また、困った時の親切は特に身に沁みる。

四十歳の頃であるが、二度目のおぢば徒歩帰参の時のこと。おぢばへもう少しという亀山市辺りで、夜、歩き疲れて銭湯に入った。

野宿を重ねて八日目、足は汗疹（あせも）のようなもので赤く腫れていた。それを見た番頭さんがベビーパウダーと包帯を持って来てくださった。風呂上がりにつけて、包帯を巻くと実に気持ちが良かった。初めての者にも、温かい人情が通う田舎町は最高だと思った。今も忘れられない懐かしい思い出である。

また、こんな話もある。

ある布教師が、車が故障して動けずにいる老婦人の所を通りかかった。何時間待っても誰もたすけてくれない。ほとほと困っていた時に、手を貸した布教師が、底無しの親切で尽くした。その一生懸命さがよほど嬉しかったのであろう、その布教師の真心に打たれて、たすけられたお婆さんが教会建築の費用を全額出されて立派な教会が出来上がった。

底無しの親切は、人の心を動かす。が、ここまでくれば神も動いたと言えよう。まさに、人生、あほう真実、底無しの親切に感ず、である。

人間思案

にんけんの心てをもうよふな事
月日わなにもゆうてないそや

（おふでさき 七―107）

と教えて頂いている。

元来、神様の言われることとは人間の考えることとは大違い。だから、自分を捨ててあほうにならなければ、なかなかわからない。

立教の元一日（天保九年十月二十六日）も然り。訳がわかって始まったのではない。

「今は種々（いろいろ）と心配するは無理でないけれど、二十年三十年経ったなれば、皆の者成程と思う日が来る程に」（天理教教祖伝　7頁）との啓示を受けてお道が始まった。

考えてみれば、理解が出来ない道を歩むほど不安なことはない。あほうになって歩むほど難しい道はない。しかし、そこにお道の元一日があった。

「暗闇は声をたよりについて来い。夜が明けたらなるほどという日があるほどに」との通り方こそ、お道の通り方なのである。

なぜ、あほうにならなければわからないのか？

多くの人は自分中心で、自分の幸せが第一。

この世は神様中心で、みんなの幸せが第一。

この大違いがあるから、自分中心の考えを捨てて、あほうになって通らなければ本来のお道はわからない。

私自身を振り返っても、大学生の時、わが身の執着に囚われて行き詰まった。「行き詰まったら、何でも良いから神様のご用をさせて頂いたら良い」と言われて、訳がわからず始めた神殿掃除で不思議なほど心が明るく勇んできた。それからお道が好きになったのである。

お道は、まずあほうになって実行すること。そこから始まるのである。

心を澄ます道

このみちハどんな事やとをもうかな
せかい一れつむねのそふぢや
（おふでさき　十六―57）

と教えて頂いている。

前世、前々世に積んだ心のほこりを今の世で拭い去る。そして、陽気ぐらしに近づいて行く。それが、お道の本筋である。

心のほこりは、肉眼では見えない。だから、つい払うことを忘れる。忘れるから、どんどん積もり重なる。にっちもさっちも行かない窮地に落ちこむ。そして、八方が塞がって、ワラをもつかむ気持ちで神様の所へやってくる。

そこで出会うお道の話は、すべて心のほこりを払う話。

八つのほこりの話は、自分の心の中の汚れを教えてくれる。

親神様の十全の守護の話は、人間の思い上がりや傲慢さを教えてくれる。

かしもの・かりものの話は、感謝の心を教えてくれる。

いんねんの教理は、自分の現状と良い種を蒔く大切さを教えてくれる。

お道の教えが心に入ってくると、まず人を責める心が消えてくる。そして、ひたすら自分を変える道を歩もうとする。

間違った相手を責めず、正しい自分が反省する。何と不合理なと思うかもしれないが、そこがあほう真実である。

自分を変える時は、実に爽やかである。ひたすらに自分の非を正し、心のほこりを払うばかり。

難しく考えるといけない。

難しく考えると難しくなり、簡単に考えると簡単に解決してくる。

お道を通るならば、そんなあほう真実の道を素直に通らせて頂きたい。

おたすけは泥まみれ

今、お道では、「布教が大切。おたすけが大切」と口々に言われる。まさに、そうだと思う。

そんな中で思うことは、布教とか、おたすけというものは、考えられているような綺麗なものではない。身上、事情という泥だらけの中に入って、自分も泥だらけになって初めて出来るものだ、ということである。

いつもわらはれそしられて
めづらしたすけをするほどに（みかぐらうた　三下り目　五ッ）

とある。馬鹿にされたり、裏切られたり、そんなことばかりが何度も何度も繰り返されて、おたすけが進んでいく。

教会でお世話していた住み込みさんが突然に教会を飛び出す。

どん底の生活が順調になったら、もう関係ないということである。食べるに困って人生に絶望し、自殺まで考えた人が、食べられて、給料をもらったら、一言の挨拶もなく出て行く。

しかし、そんなことはもう何度あったか忘れるほど多い。気にしていたらおたすけは出来ない。困っている人は沢山いる。住み込みさんは出たり入ったりしている。結局、裏切られようと、おたすけ人はその人がたすかるように努力すれば良いのである。おたすけとは、そういうことだと思う。

真実を尽くして裏切られる。そして、空しさと深い傷痕が心に残る。しかし、そこを越えてこそ、初めておたすけが進んでいく。

おたすけ人になるということは、そういうことが気にならないことなのかも知れない。

この道は、あほう真実の道と聞かせて頂く。あほうになるから出来る。いつかこの道がわかり、本気になって歩もうとする人がどんどん出てくるのを楽しみに、おたすけに頑張らせて頂きたいと思う。

教祖のひながたの道

なんと言っても、教祖の通られた九十年のご生涯の道は、並外れた真実の道であった。

特に、御年四十一歳で月日の社になられてからの五十年は、人間の想像をはるかに超えた涙なくして語れないような真実の道であった。

前半の二十五年は、貧に落ちきる道である。食べ物や着物は元より、田地田畑まで施し、お母屋まで取りこぼちされた。

教祖は〈欲の心〉が人間の悩みの元と説き、家族を巻き込んで坂を転げるように、欲を離れる道を突き進まれた。

ただひたすらに二十五年間。御年六十六歳を越えるまで。

そして、後半はおつとめの完成である。

おつとめのために、十数回も監獄へ入られた。

そして、非情な監獄の中でさえ、看守にお菓子を買って与えようとしたり、明るくなっても消されない灯が勿体無いと、心配されたりした。

わが身の執着は微塵もなく、ただひたすらに人だすけの道を貫かれた。

目を瞑って考えれば、なんと純粋なひながたの道であったかと思う。そして、あらゆる艱難を乗り越えた不屈の魂に、峻厳にして限りなく温かい教祖の面影を思う。

教祖は人類の母親の魂である。

世の母親というものは、どんなに出来が悪くても子供の味方である。子供が病気になれば、枕元でじっと看病している。だから子供は、無条件に母親を慕っていく。教祖は、どん底に向かって歩み、行き場を失った無数の人に温かい救いの手を差し伸べられた。

だから、みんな教祖を無条件で慕っていく。

そんな底無しの温もりのある生き方。あほう真実の親心を学びたいと思う。

S先生のたすけ

A分教会と言えば、今のお道に勇壮な旋風を巻き起こしている実に頼もしい教会である。部内の布教所でさえ、五百人、千人を超える参拝者でにぎわっているところも、珍しくない。

さて、その初代会長がS先生である。

先生は、生まれる前に父親に別れ、生まれてすぐに母親に別れるという出生から厳しい道を歩まれた。そんな中で魂は研ぎ澄まされ、深い信仰に入られた。

その先生の青年時代、布教道中の実話である。

ひん死の病人のおたすけに行った時のこと。周りの人から「拝んでたすかるのだったら、医者はいらん。そんな気休めは止めておいてくれ」と蔑まれた。

血気盛んなS青年は、ひるむこと無くこう答えた。

「わかりました。たすからないというならば、目の前でたすけます。三日でたすけます。三日経ってもたすからなかった場合は、私の命を差し上げましょう」と。

それから、命がけのおたすけが始まった。三日間、真実の心で通い詰めた。

病状がだんだん悪くなる一方で、心定めの三日が終わった。約束通り翌朝、出刃包丁を砥いで懐に入れ、死ぬ覚悟で病人さんの家に向かった。

部屋の襖をあけると、誰も居ない。「しまった、死んでしまったか」と思った時、後ろから病人さんが抱きついてきた。

すると、抱きついた拍子に懐の出刃包丁が飛び出した。鮮やかにたすかった病人は嬉しさの余り抱きついたのであるが、出刃包丁を見て、死ぬ気のおたすけであったことを知った。

まさに、命がけの真実が実を結んだ壮絶なおたすけと言えよう。

「真実に神が働く」と聞かせて頂く。枯れ木に花が咲くという。実際に通った者しかわからない神の働く世界である。

あほう真実の人のみが知る、そんな不思議な世界がある。

歩いておぢば帰り

私自身も、不思議なことを今まで幾度も見せて頂いた。

その一つ、教会長になって間もない頃のことである。糖尿病で目が見えず、身動きができず、意識が朦朧（もうろう）としているご婦人がおられた。

命は時間の問題と思われた。電話が掛かってくるたびに、出直し（死）の知らせではないかと、ビクッとしながら日が暮れていた。

そんなある日、生死の境を生きるご婦人を見て、たすかる、たすからないはともかく、何かをさせて頂きたいという熱い思いが込み上げてきた。どうしたら良いか？　おぢばへ帰らせて頂き、親神様、教祖にお願いさせて頂こう。ついては、難しい病気だから、歩いて帰らせて頂こう、と心を定めた。

十六日の月次祭を終えて、翌十七日、病院でご婦人におさづけを取り次ぎ、おぢばへ向かって出発した。

一日五十キロの歩行、野宿。一般的には一日三十五キロくらいだそうであるが、教会は忙しいので、五十キロの歩行となった。朝から夜まで歩いて、三日もすると足の裏は豆だらけ、豆がくっついて饅頭のようになった。さらに関節が痛くなり、サポーターをしながら、ともかく歩いた。

十日目におぢばへついて、親神様、教祖にお願いをさせて頂き、教会へ戻った。すると、不思議である。意識も混濁していたそのご婦人が、元気になった。目は見えるようにならなかったが、歩いて、元気に話すようになったのである。

不思議なものである。「あほう真実で通ったら、神様がわかる」と聞いたが、本当に不思議な体験をさせて頂いた。

神様は、人間思案ではなかなかわからない。神様は、あほう真実でぶつかってみて初めてわかるものだと思う。

よく、神様はあるか、ないか？　そんな話を聞く。が、神様を知りたかったら、あほう真実の心でぶつかってみることである。人間思案をすっきり捨てて、神様が働く不思議な体験をさせて頂きたいものと思う。

かしもの・かりもの
―身体は自分のものから、神様からのかりものへ―

誰でも、身体は自分のものと錯覚している。自分のものだと思うから、我がまま勝手に使う。感謝の心もなく、当たり前と思って過ごす。そんな時は陽気ぐらしどころではない。不足不満のデタラメぐらしになりやすい。行き詰まった時の私自身がそうであった。毎日が喜べず、学校へも行かず、家でブラブラしていたのである。悩みの中でお道の教えに触れた。身体は神様からのかりものと知った。

めへ〳〵のみのうちよりのかりものを
しらずにいてハなにもわからん
（おふでさき　三―137）

なんと強烈な意味のお言葉かと思った。かしもの・かりものの教えで心の中は大変革。手も、足も、口も陽気ぐらしのためのかりもの。だから、何かにつけ、有難い、結構と通れるようになった。何とも言えない温かいお道の信仰の根っこと言えよう。

身体はかりもの

身体が「かりもの」だと思っている人は、ほとんどいまい。「私の耳。私の口。私の手」と誰でも平気で言う。何の疑いも無く自分のものだと思っている。

だが、自分のものかどうかを、よくよく考えなければなるまい。自分のものならば、返す必要はない。が、残念ながら、誰でも死ぬときに身体を返すのである。

考えてみれば、身体を買った覚えもない。作った覚えもない。生まれる時に借りたのである。身体はかりものだから、必ず返すのである。

が、疑い深い人は、こんなことも考えよう。「人間は必ず死ぬ。それはわかっている。が、だからと言って、身体が神様からのかりものとは言えない」と。

しかし、病気になって、歩くことも出来なくなった時、身動き一つ出来なくなった時のことを、よくよく思案してもらいたい。

自分のものなら、自由になりそうである。ところが、病気になったら全く自由にならない。そんな中で、お道の話を聞いて、だんだんと「かりもの」と気付いてくる。

多くの教会の初代は、病気からの入信である。にっちもさっちも行かなくなった身体に悩んでいた。どこの医者にすがってもたすからない。人間の力ではどうにもならない。そんな中で、かしもの・かりものの話を聞いた。

「身体はかりもの。心一つが我がもの」と。

ハッとしたことと思う。驚いたことと思う。身体は不自由。が、心は全く自由。心だけは自由に使える！　このかしもの・かりものの教えを知る中に、真実の心で通る決意が生まれ、どうにもならなかった身体がたすかっていった。

この「かしもの・かりもの」がわかる。大切な身体についての根本を知る。実は、ここが肝心。ここに考え方、生き方の大変革が起こる。

なぜそれほど大切なのか？　考え方がどう変わるのか考えてみたい。

身上、事情は神の手引き

誰でも、身上、事情を通して、かしもの・かりものの教えがわかってくるのだと思う。

T氏は親とうまくいかず、地方から東京へ出てきた。なかなか仕事にも恵まれずブラブラしているところを、公園で匂いがかかり、教会へ住み込むこととなった。教会生活をしてから、修養科へ入った、卒業後は、その費用の返済のために仕事に就いた。が、完済し終わった頃、教会から飛び出してしまった。

半年が経った頃、教会へ電話があった。「今、病院に入院しています。退院したら、教会へ戻ってはだめでしょうか?」との問い合わせである。

そして、再度の住み込みとなったが、精神の病気はかなりひどかった。普通の人のようにはひのきしんが出来なかった。風呂に入っても丸坊主の頭をよく洗うことも出来ずに、フケが溜まっているのがありありと見えた。

教会生活が三カ月、半年と過ぎる中で、だんだんと元気になり、一年が過ぎた頃、「布教の家」に入りたいと言い出した。大丈夫かと思ったが、本人のたっての希望で、入らせて頂くこととなった。

終了後、現在、教会のご用に、仕事に、布教にと頑張ってくれている。

さて、そんな中で思うことは、神様から事情でお手引き頂き、再度、身上でお手引きを頂き、だんだんと心の成人をしていたのだなあ、ということである。

夜のミーティングの時に、医者から病気と言われた他の住み込みさんが、「どうして病気になるのかなあ。困ったなあ」と言うと、突然に、彼が「身体はかりもの。心一つが問題なんだよ。それがわからないのは、高慢だからだよ」と大きな声で言った。

彼自身、自由にならない親子の関係。自由にならない身体。その身を削るような苦い体験から、「かしもの・かりもの」の教えが心に深く沁み込んだのである。

身上、事情は神の手引き。だんだんと心の目が開かれて、かしもの・かりものがわかる中に、陽気ぐらしが近づいてくるのである。

かしもの・かりものと八つのほこり

「身体はかりもの。心一つが我がもの」と教えられる。

身体は神様からのかりもの、心が人間の本体。心が元ということである。

弓を引く。キリキリと絞る。的に狙いを定めて矢を放つ。的に矢が当たるか、当たらないかは、手元に狂いがあるか、ないかによって決まる。

一分八間という。手元の一分（三ミリ）の狂いが、先に行くと八間（十四・四メートル）の狂いになる。手元が肝心なのである。

病気になると、病気に心が奪われる。病気で振り回される。心が乱れる。

だが、肝心なのは、手元である心。全てが、心一つのあり方、使い方で決まる。

だから、病気の時は、その元である「八つのほこり」をよくよく思案したいと思う。をしい、ほしい、にくい、かわい、うらみ、はらだち、よく、こうまんの八つのほこりである。心のほこりが積もると、家庭内でも争いが起こり、大きくは戦争にもなる。やがて、病気も出て来て、かりものを返す（死ぬ）ことにもなる。

家庭のゴタゴタや、病気から手引きを頂き、心のほこりを払う道をコツコツ歩むようになる。その努力の結果、家庭は円満、身体は健康になってゆく。

みかぐらうたに、

みづとかみとはおなじこと
こゝろのよごれをあらひきる　（五下り目　三ッ）

とある。残念ながら、心のほこりは人間では取れない。だから、神様のご用（においがけ、おたすけ、つくし、はこび、ひのきしん）をさせて頂き、神様に取って頂くのである。

今、教会で力を入れているのが、においがけである。最初は、ピンポンとインターホンを押すのが不安である。何を話せば良いのか心配である。が、そんな中から、少しずつ度胸が出来てくる。思うに、心のほこりはなかなか取れない。癖性分も本当に変わらない。だからこそ、聞いてもらえなくとも、馬鹿にされてもにおいがけに歩かせて頂きたい。そんな中にこそ、引っかかる心、尖(とが)った心が消えて、真実の心が現れて来ると思う。

かしもの・かりものと十全のご守護

かしもの・かりものがわかると、感謝の心が自然に湧いてくる。その感謝の心が、ぐっと深まるのが、親神様の十全のご守護を知ることであろう。十全とは、少しの欠けることなく完全という意味である。具体的には親神様のお働きを十に分け、簡潔にわかりやすく説明されている。

くにとこたちの命　人間身の内の眼うるおい、世界では水の守護の理。

をもたりの命　人間身の内のぬくみ、世界では火の守護の理。

くにさづちの命　人間身の内の女一の道具、皮つなぎ、世界では万つなぎの守護の理。

月よみの命　人間身の内の男一の道具、骨つっぱり、世界では万つっぱりの守護の理。

くもよみの命　人間身の内の飲み食い出入り、世界では水気上げ下げの守護の理。

かしこねの命　人間身の内の息吹き分け、世界では風の守護の理。

たいしよく天の命　出産の時、親と子の胎縁を切り、出直しの時、息を引きとる世話、世界では切ること一切の守護の理。

をふとのべの命　出産の時、親の胎内から子を引き出す世話、世界では引き出し一切の守護の理。

いざなぎの命　男雛型・種の理。

いざなみの命　女雛型・苗代の理。

身体と共に、この世の一切は神様のご守護の中にある。我々は、この基本教理をしっかり身に付けて、おたすけに励ませて頂きたい。

根本は、この世は全て神様のご守護の世界。自分の自由になるのは心一つ。自分の心こそ、全てのご守護を頂けるか否かの根源だとわかるということである。

これがわかると、感謝の心と共に、他人を批判したり、世の中を不足したりすることがなくなる。ただただ心のほこりを払う道、徳積みの道を歩むようになる。人が見ているから、見ていないからということは、全く眼中から消える。全てが神様のご守護の中にあるのだから、神様のご守護を頂ける道を歩むようになる。目先の損得よりも、理の世界を見つめて生きるようになる。

物の見方が、ガラッと変わる

「かしもの・かりもの」がわかったら、物の見方がガラッと変わる。

心一つが全ての元とわかってくると共に、どんな中でも喜べるようになる。身体を貸して頂く有難さが身に沁みる。だから、陽気ぐらしがグーンと近づいてくる。

先日、夜のミーティングの時に、「陽気ぐらしとは何だろうか?」との質問が出た。

その時に「元気な身体を貸して頂いている。食べ物も美味しい。これを感謝して通るのが、陽気ぐらしだと思う」と話させてもらったら、こっくり頷いていた。

教会生活は、清貧そのもの。朝はパンの耳。着る物はバザーで出たもの。布教に明け暮れて、遊びに行くことなどほとんど無い。が、かしもの・かりものが胸に治まると、喜びの心が沸々と湧いてくる。

朝起きたら、まず、神様に「今日一日宜しくお願いします!」と申し上げる。夜寝る前は、「今日一日、有難うございました!」とお礼を申し上げる。

そんな、かりものへのお礼の習慣が出来たら、素晴らしいと思う。

話は変わるが、お道の人には、何とも言えない良き「匂い」がある。嫌な人にも、有難い有難い、結構結構と、嫌な顔をせずに喜んで通る。忙しい中でも、人のことに心を配り、よく気がついてマメに動く。側にいるだけで、その人が来るだけで、何とも快い気持ちにさせてくれる。楽しい雰囲気が漂ってくるのである。

布教することを、お道では「においがけ」という。その人の何とも言えない匂いが、人をひきつけて、お道の教えが胸から胸へと広まってゆく。

「この道は、説いて聞かせる道やない。行って見せる道や」と言われるが、それが、本当の意味での布教ということであろう。

そんな良い「匂い」のある人になりたいものである。それは、とても一朝一夕に出来るものではない。日々、年々の信仰の賜物である。

その元は、かしもの・かりものの中に、物の見方がガラッと変わるからである。

どんな中でも喜べる

かしもの・かりものの教えの第一は、どんな中でも喜べる心と述べた。ここが肝心。ここが急所だと思うので、掘り下げて考えてみたい。

身体健康！　家庭は穏やか！　商売は大繁盛！　そんな人はほんの一握りの人。一皮めくれば、家族は離散。身体はボロボロ。商売は風前の灯。何処も大変である。

現実の厳しさの中で、どうやって陽気ぐらしの心で通ったらいいのだろうか？

教会で、夜のミーティングの時に、こんな意見を幾度も聞いた。

「陽気ぐらしをする。よくわかるのです。が、どうしても腹が立ってしまう。不足の心が出てしまう。難しいんです」と。

わかっていても、心を治めるのが実に難しいのである。

この心の治め方として欠かせないのが、かしもの・かりものの教理だと思う。

人生で何が辛いか？　一番辛いのは、大切なものを失う時ではあるまいか。

財産や商売を失う時、家族を失う時、身体の自由を失う時、心が折れそうになる。

そんな時こそ、かしもの・かりものの教えを思い出したい。全ては神様からのかりもの、長い間、神様にお貸し頂いた。だから、返す時にフッとお礼の心が湧く。

一番悲しい時、一番寂しい時。そんな時に、感謝の心になる。有難うございましたと言う。それが、かしもの・かりもの。陽気ぐらしの土台ではあるまいか。

考えてみれば、誰でも今、神様から身体を借りている。家族、兄弟姉妹、友達、住む家も借りている。あれもこれも、全てが神様からの借物。

何と沢山の借物だろうか。何処にこれほど有難いことがあろうか。

「人間はご恩の塊だ！」と、ご恩報じ一直線に歩まれた大先輩がおられた。

きっと、かしもの・かりものの教えが、骨の髄まで沁みていたのであろう。

燎原に火を放つ如くに燃えた道の先輩達の心意気を、今一度思い返してみたい。

陽気ぐらしの土台

人生には、必ず苦難がある。喜べない、勇めない。そんな惨めな時がある。もうどうなっても良くなる。荒(すさ)んだ心で家族や周囲の人に当たり散らす。心は無残に折れ曲がり、事情から身上へと崩れて行く。

「不足をすれば不足の理がまわる。喜べば喜びの理がまわる」と教えられるが、不足不満の心が、どんどん傷を広げて、地獄の底へと落ちて行く。

そんな時、どうしても思い返したいのが、かしもの・かりものの教えである。生かされている喜びが灯る。そんな中から、平常心を取り戻し、立ち直って行く。

以前、大教会の講習会で聞かせて頂いた話が、フッと浮かぶ。

少年時代に、肺の病で胸を冒され、もうダメだという死の瀬戸際に立った。その時、お見舞いに来た上級の会長様から、「喜びなさいよ！」と告げられた。

「なんで、こんな状況を喜べるのか？　生まれてからほとんど病気がちで、学校へも行けなかった。楽しかったことなど一度もなかった」と反発の心になった。

が、その後「まだ生きている。生かされている。生かされていることを喜ぼう！」

と一大決心をした。そして、薄紙をはぐように病状は回復していったのである。それから幾年月。当時、七十歳くらいで、元気に講演に来られた。

喜ぶ心、感謝の心が、どれほどプラスなことかと思った。

だからこそ、かしもの・かりものをしっかり心に刻み、どんな中でも、生かされていることにまず感謝して、喜んで通らせて頂きたいと思った。

「喜ぶ心に、夜が明ける」である。

お先真っ暗な時こそ、八方塞がりの時こそ、かりものの心を思い返したいと思う。

貸主がおられる

にんけんハみな〳〵神のかしものや
なんとをもふてつこているやら
（おふでさき　三―41）

身体は、神様からのかりもの。が、これが第一にわかっていない。だから、ほとんどの人が、感謝の思いもなく身体を使っている。

考えてみれば、こんな便利な、有難いものはない。それをお借りしているのに、お礼の言葉もなし。感謝の心もなし。誠に申し訳ないことである。

昔、信者さんから、ダンボール満杯のカボチャが届いたことがあった。家内が、夕食に煮て出したら、ある住み込みさんが「カボチャかよー」と不足の声を出した。すると、家内が即座に、「信者さんが、一生懸命丹精して送ってくださった。ご真実ですよ。それを何ですか！　嫌なら返して」と怒った。するとその剣幕にビックリして「すみません！」と謝り、その一件は落着した。カボチャを不足するから「嫌なら返して！」ということになるのである。

その時、神様からお借りした身体も、全く同様だと思った。不足したら、貸主から「嫌ならすぐに返しなさい！」となる。短命になる。感謝したら、「それならいつまでも貸して上げます！」となる。長命になる。身体と心を科学的に研究した著名な精神身体医学者は、ストレスや不足が病気や短命の元、感謝の心が長命の元、と断言している。

私の好きな言葉に、

「喜ぶ理に成りたら日々心配無い」　（おさしづ　明治31・11・4）

というのがある。

健康で、長生きをしたかったら、ともかく喜ぶことである。喜んで使わせて頂けば、貸主の神様が、「そうか、そんなに嬉しいか。それなら、もっともっと貸してやろう！」となる。身体がかりものならば、妻も、子供も、仕事も、家も、財産も、何もかもが神様からのかりもの。こんな有難い、大切なものはない。

ならば、どんどん感謝して、長く貸して頂けるよう通らせて頂きたい。

陽気ぐらしのためのかりもの

神様は身体を貸してくださっている。

ならば、なぜ、貸してくださったのか？

それは、「互い立て合いたすけ合いの陽気ぐらしを楽しみに貸してくださった！」ということである。だから、もし手だったら、料理を作ったり、掃除をしたり、というように人が喜ぶように使わせて頂けば良いのである。

さて、簡単に言うが、それが難しい。つい、人が嫌がることに使ってしまう。

私の学生時代、ついカッとして、人を殴（なぐ）ってしまったことがあった。ところが、自分の手が腫（は）れて痛くなった。病院にいくと、小指が骨折しているという。

結果、三カ月間、ギブスをはめることになった。右手は使えなくなった。「そんな使い方をする者には貸せない」ということであろう。右使いなので、左手で字が書けない。箸も持てない。そんな我慢の時が三カ月続いた。

そして遂に、ギブスから開放される時がやって来た。嬉しさが込み上げてきた。が、お医者さんが、ギブスを取って、指を伸ばしてみなさいというので、伸ばしてみると、なんと曲がって付いてしまった。

「どうしますか？」と聞かれ、「医者である貴方の責任でしょう！」とムッとしたが、それも言えず「もう一度手術をお願いします」と頼んだ。

さらに、三カ月。その時は猛反省をした。「神様！　絶対に人を殴ったりしません。だから、手を治してください」と。合計六カ月も右手が使えなかった。

六カ月でも困った。神様から返して欲しいなどと言われたらそれこそ大変である。

目は、良いところを見る目。

口は、良いことを言う口。

耳は、良いように受け取る耳。

人の悪口を言ったり、欠点を見るのは禁物。誉め言葉、お礼言葉、お詫び言葉で、みんなが陽気ぐらしになるよう、使わせて頂きたい。

貸主への報恩

身体を貸して頂いている。実に有難いことである。ただ有難いと思うだけでは申し訳ない。ご恩を感じたら、ぜひ報恩の実践をさせて頂きたい。

その感謝の心を行為に現したのが、「ひのきしん」ということである。

さて、お道でたすかった人は無数にいる。不思議なことであるが、話を聞いてたすかったというより、ひのきしんの行為によってたすかった。それから、話を聞いて教理が治まったという人が、案外多いのではないかと思う。

私自身がそうである。だから、貸主へのご恩報じ・ひのきしんが大切だと思う。わかったら実行するなどと言っていたのでは、永遠にわからない。

「実行信心　証拠信心」と言われる。お道がわからなくなったら、ともかく実践！神様のご用を実践する。そんな中にわかる道があろう。

目が見える、耳が聞こえる、手足が動く。身体を貸して頂いていることほど有難いことはない。だから、ともかく、ひのきしんである。

おつとめの十一下り目に、「ひのきしん」の言葉が沢山出てくる。「ぢばを中心とした陽気ぐらし世界の建設」がテーマとなっている。第一に、ひのきしんによって、自分自身がご守護を頂く。それと共に、陽気ぐらし世界が実現する、ということである。

　　このたびまではいちれつに
　　むねがわからんざんねんな　（みかぐらうた　十一下り目　九ツ）

とあるが、意味は「自分がたすかり、陽気ぐらし世界も実現する。こんな有難いひのきしんを、世界中の人がわからない。残念無念！」ということだと思う。

貸主へのご恩報じ「ひのきしん」を忘れてはなるまい。「ひのきしんに走り回れば、皆たすかるのですよ」と言われた先輩の言葉が、脳裏をかすめる。

かしもの・かりものの教えの極めつきは「出直しの教理」。身体が古くなったら返して、新しい身体を借りて生まれてくる。ここにこそあると思う。

　いわゆる、死というものはなく、出直しということである。

　死ぬときほど、悲しく辛いことはない。ところが出直しと知る。かりものへのお礼を述べる。新しい着物を着て生まれて来る。なんと、そこには希望すら感じる。

　実に、かしもの・かりものの教えこそ、陽気ぐらしの土台と言えよう。

神様

―自分中心から、神様中心へ―

昔とくらべて、無神論者が増えているという。子供の頃、神棚や仏壇がどの家にもあった。が、最近は無い家も増えてきた。生きていく上で、神様は必要ないという。一体、そんなことで良いのだろうか？振り返ってみれば、私自身、二十歳で行き詰まった時、教会内に住みながら神様は眼中になかった。心は焦るのであるが、考えもしなかった。悶々とした中で、声を掛けられ、神様のご用をして心は大変革。明るく勇んだ生活に一変した。

たすかった体験から、人間の悩みや苦しみは、すべて神様を忘れた中に起きているると思えるのである。神様を忘れると自分中心になる。自分中心のデタラメな生き方が、心の病や、家庭崩壊の大きな原因にもなっている、と。

信仰者として最も基本的なことであるが、もう一度初心に返って考えてみたい。

宇宙の中心・神様

毎日の新聞やテレビを見ていると、昔はなかったむごい事件が頻発（ひんぱつ）している。最近よく聞かれるのが、幼児虐待事件である。

若い父親が、子供が泣いてうるさいと、押入れの布団の間に入れてしまった。帰ってきた母親が布団を敷こうと広げると、ぐったりした子供が出てきた。窒息死している。可哀想に、子供の身体中がアザだらけであった。

昨今、このような幼児虐待で保護の要請があったが、虐待を受けた子供が親になったとき、またその子供を虐待する。世代間で虐待が連鎖しているという。年間で約十六万件と報道されている。件数は残念ながら上昇中である。

逆に、親への暴力も大きく取り上げられている。ナタや金属バットで、少年が父親や母親を叩いて死なせてしまった痛ましい事件が何件あっただろうか？

今、一部の家庭が揺れている。ややもすると崩壊の危機に瀕している。一体なぜ、そんな現象が起きるのだろうか？

その原因の一つは、家庭環境もあるだろうが、家庭に中心がなくなってきたからではないだろうか。

すべてのものには中心がある。その中に、整然とした秩序がある。ところが、治まらない家庭には中心がない。中心である親が嫌がられている。そんな家庭では、必ず混乱や崩壊が起きている。

なぜ親が嫌がられるのか？　親がわがままだから。親らしい道を通っていないからではないだろうか。

神様を忘れると、人間は知らず知らずに傲慢になり、自分勝手の道に迷い込んでしまう。自分では気がつかないが、自分中心で神様を忘れた現代の風潮が、とんでもない結果を生んでいるのである。

お道は、根に肥やしをやる道だという。根に肥やしをやれば、枝葉は栄えてくる。心を向けるべきは、根である神様であり、親である。

ところが、現代は、神様を忘れ、祖父母を忘れ、子供を溺愛し、または虐待をして駄目にしてしまっている。

何が大切か。明るい家庭を築くために、神様を忘れない生き方をしたいと思う。

真実の親

生み育ててくれた親は、この世では仮の親と言える。

この世を創（つく）り、今もご守護してくださっている神様を、真実の親という。

最初にこの話を聞かせてもらった時には、お道の考え方が世間の考え方と全く違うのに驚いた。信仰というものはそれほど徹底したものなのかと、ひそかに爽快ささえ感じたものである。

さて、親というものは、計り知れないほど有難いものである。親は、どんなことがあっても子供の味方である。食べる物、着る物、住むところまで全部用意する。どれほど子供に尽くしても、子供がすくすく育ってくれさえしたらそれで大満足。怒る時でも、子供可愛さに、つい怒る。

その点、親がいない子、身勝手な親の子は気の毒である。温かい愛情の中で育たなかったために、なかなか素直になれない。

親のいない子、身勝手な親の子は、そんなわけで不幸な人生を送りやすい。

そこで、信仰に入る。

実の親（神様）の心に触れて、忘れていた親の温もりを思い出す。

それは、親に何をしてもらうということではない。すでに温かい、温もりの親心に包まれている自分を発見することである。

考えてみれば、かりものの身体が有難い。目が見える。耳が聞こえる。手足が動く。これらは、すべて実の親がご守護くださっているお陰なのである。

信仰が進めば、苦しい病気も、つらい家庭のゴタゴタも、すべては陽気ぐらしへ導かれる慈愛の手引きだとわかる。

温かい親なればこその忠告だとわかる時、真実の親・神様の有難さ、信仰している有難さを、心の底から感じるようになろう。

心の目を開く

教祖がご在世の当時、ある人が教祖に尋ねた。

「この世の中に神様がおいでになるのならば、見せて頂きとうございます」

すると教祖は、「在ると言えばある、ないと言えばない。願う心の誠から、見える利益（りやく）が神の姿やで」と答えられた。

「あると言えばある、ないと言えばない」とは何と頼りないことか、と思うかもしれないが、実に的確な表現だと思う。心の目が開かれている人には神様はある。が、肉眼だけで見ようとする人には神様はないということである。

「願う心の誠から見える利益が神の姿や」とある。これは、真実の心でぶつかってみる。そうすれば、神様が見えてくる、ということである。

振り返ってみると、私自身も少しずつ神様をわからせて頂いた。

私は、二十五歳の時、道一条を心定めして五十年近くになる。心定めをした時に、大教会の青年のお与えは、月に三千円。教会生まれの三男坊の私には、教会もなければ財産も何もない。

月に三千円のお与えで、結婚はできるか？　子供を育てていけるか？　そんなことも真剣に考えた。不安の中で、無我夢中になって神様のご用を勤めさせて頂いた。

今は、お陰様で家内も授かり、子供も五人。人並みの教会もお与え頂き誠に有難い。

世間の常識で考えれば、月に三千円のお与えで何でやっていけるのか？　と思う。

くる。

が、真実でぶつかって行けば必ず神様が働いてくださる。物事が思うように成って

神様は不思議だなあ、と思う。実際に通ってみて、なるほどなあと思う。神様は、肉眼では見えない。だから、心の目を開かなければならない。

それには真実の心でぶつかってみることである。八方塞がった時こそ、本気でぶつかって、神様をつかむ時だと思う。

ひのきしん

神恩感謝の行いを、ひのきしんという。

神様に生かされている。これほど有難いことはない。

その喜びと感謝の心が行為になったのが、ひのきしん（日の寄進）である。

さて、ひのきしんというと、私は十年間、年に一、二回、多いときは三回、おぢばで一カ月間伏せ込んだ親里ふしん青年会ひのきしん隊を思い出す。

百五十人から二百人の青年が、合宿をしながらおぢばで過ごす。ひのきしん隊の中で、いろいろな人に出会い、いろいろな勉強もさせて頂けた。

ある青年は、こんなことを言っていた。

「私は、腸の具合が悪いのです。もう何度も手術しました。また具合が悪くなってきましたが、お医者さんはこれ以上手術は出来ないと言います。もう神様を頼るしかないので、ひのきしん隊に参加しました」と。

一カ月のひのきしんで身体は快方に向かい、喜びの心で教会住み込みとなった。以来三十余年、一信者だった青年が教会長になり、不思議なことに腸の病気は一度も再発すること無く、お道の上に大いに活躍された。

やむほどつらいことハない
わしもこれからひのきしん
（三下り目　八ツ）

と、みかぐらうたにある。

病気ほど辛いものはない。本当にそうである。そんな辛さの中で心の目を開き、ご恩報じに頑張られている姿に、お道の素晴らしさを感じるのである。

教祖四十年祭、五十年祭当時、最も恐れられ不治の病と言われた肺結核をたすけて頂きたい。その一心でおぢばへ帰られた人は多かった。

おぢばで血を吐きながら便所掃除、神殿掃除、モッコ担ぎ等のひのきしんで、大勢の人がたすかった。そして、今のお道の基礎が作られた。

身体は、神様からのかりもの。病んだ日のことを思い返して、身上壮健に働ける喜びを胸に、精一杯ひのきしんに励ませて頂きたいと思う。

たんのう

お道の行為と態度は、「ひのきしん」。お道の心は、どんなことも有難いと受けとる「たんのう」。ひのきしんとたんのうは、お道の人らしさの土台とも言えよう。

病気になる。家庭が治まらない。災難に遭う。そんな時はどうしても喜べない。喜ぼうと思っても、不足の心が言うことを聞いてくれない。

どうしても喜べない時は、神様に心を向けたいと思う。

相手が原因なのではない。世の中が原因なのでもない。神様が、自分にちょうど良いようにしてくださった。神様がなされたと思うから、たんのうの心が生まれてくる。

敗戦後、旧満州から引き上げてくる大勢の家族があった。

無法地帯となった混乱の中で、現地人やロシア人が引揚者をねらって襲って来た。

物は盗られ、刃向かう男は殺され、女子供は何をされるかわからない。

そんな中で、夜毎の襲撃と長旅で疲れ、逃げ切れないと覚悟を決めた引揚者の集団は、いざという時のために持っていた青酸カリを全員が飲んだ。

ところが、自分の手で子供に青酸カリを飲ませた母親が、死人の山の中から偶然にもたすかった。亡霊のように日本に帰ったが、心の傷で身体はひどく蝕まれた。

身も心もボロボロの中で、匂いをかけられ、おぢばへ帰ったのである。

この世は狂いのない神様のご守護の世界。陽気ぐらしさせたい思い一杯の親の懐住まい。が、それと共に、成ってくることには蒔いた種がある。前生、前々生の事はわからないがきっとそうに違いない。そこに、いんねんの自覚が出来て、たんのうの心が生まれ、身も心もたすかっていった。が、最後にこんなことを言われていた。

「お道の信仰をして、身上や事情がたすかるというのは信仰の入口のようなもの。本当のたすかりとは、いんねんの自覚が出来て、たんのうの心が出来ることです」と。

たんのうは実に深いと思う。

神様にしっかり心をつなぎ、そんな深い信仰を持ちたいと思う。

神様を身近に

運命の切り替えの道として、報恩感謝のひのきしんをベースとした「においがけ・おたすけ・つくし・はこび」の四つの徳積みの道が教えられている。これらはすべて、神様に近づく道ではないかと思う。

つくし・はこびは、心のつなぎで神様に近づく。においがけ・おたすけは、理の話で神様に近づく。

この道は、「つくし三年、はこび三年、理の三年、あらあら十年の道」と言われている。それは、だんだんと神様に近づいて、身も心も澄んでたすかっていく道筋だと思う。

私はよく、「神様から離れるといんねんが出ます。だから、つながって通らなければだめですよ」と言わせて頂く。

癖はなかなか取れないものである。いんねんもなかなか切れない。だから、しっかりつながって通る。そこに、たすかっていく道がある。

五ッ　いづれもつきくるならば
六ッ　むほんのねえをきらふ　（みかぐらうた　二下り目）

と歌われる。

ちょっとしたことで、引っかかる。その引っかかる謀反心が大問題なのである。あの時、あの人は、こんなことを言った。どうしても許せない。あれだけして上げたのに、恩知らずも甚だしい。ふざけている。馬鹿にしている。

笑って済ませれば、済むことが、いつまでも引っかかる。実は、そのイライラした引っかかる心。それが家庭のゴタゴタや病気の原因なのである。

神様に心を向ける。すると、反省の心が湧いてくる。

その人が、問題なのではない。神様が、自分に相応しい人を与えてくれたのだ。自分の引っかかる癖性分が問題なのだ、と。

やがて、引っかかるほこりは洗い流されて、信仰はより確かなものとなっていく。

神様を身近に通りたい。そして、お道の信仰でたすかった。信仰があればこそ、ありがたい。そんな喜びの信仰を身につけたいと思う。

生みの親――元の神

お道では、神様をわかりやすく「元の神」「実の神」と教えられる。一体、元の神、実の神とは何なのか？　どういう意味があるのか？「元の神」ということであるが、

このよふのにんけんはじめもとの神　たれもしりたるものハあるまい
どろうみのなかよりしゆごふをしへかけ　それがたん〳〵さかんなるぞや
このたびハたすけ一ぢよをしゑるも　これもない事はしめかけるで
いまゝでにない事はじめかけるのわ　もとこしらゑた神であるから
（おふでさき　三―15～18）

とある。

おふでさきの中の「元初まりの話」であるが、どんなものにも元がある。元があるから万物が出来てくる。この世も苦心して元の神様が創られた。だから、本当の元は親神様なのである。

本当の親がわかる。そこに、本当の安らぎが生まれてくるのではあるまいか？

さて、おふでさきの中の、元こしらえた神。だから、今までにない珍しい救済ができるというお言葉に、私は無限の力強さを感じるのである。

元こしらえた神であるから、どんなたすけも引き受けてくださる。

それだけではない。どんな中でも喜べる、陽気づくめの境地への救済がある。お道はこの世を創造された神様が、直々に話す教えであるから、これ以上はない。究極の陽気ぐらし世界へ導こうとされているのである。

元の神が啓かれたお道。そこにこそ、本物の救いがあると言えよう。

育ての親――実の神

親神様は、元の神であるとともに、実の神である。

創造の時のみでなく、今も、この世と我々の身体は、親神様の十全のご守護によって護られているのである。

「人間身の内の……、世界では……」という。身体と世界のご守護をひっくるめて説明されているところに、神様の働きの絶妙さ、大きさを感じるのである。

さて、身体は自分のものと思っている。自分の力で生きていると思っている。しかし、そうではない。神様が、自分の身体も守ってくださっているのである。「人は本来、己が力で生きているのではない。しかも、己が力で生きていると思い誤り易いのが人の常で、そこには、涯しない心の闇路があるばかりである」とある。

（天理教教典　第九章　よふぼく　89頁）

「涯しない心の闇路」という言葉が、私の心に響く。

俺が、俺が、と威張ってデタラメな生き方をする。そして、不治の病に冒され、身体もボロボロになって、朽ち果てていく人がなんと多いことか。

天の理を守らなければ、その返しは必ずやってくるのである。

住み込みになった人が半年ほど経った時に、こんなことを言った。

「私は、神様がわかりませんでした。どこにおられるのか？　どんな姿をしているのか？　そう考えるとますますわからなくなりました。しかし、神様の十全のご守護がわかってから、この世が神様の身体であることを知って、神様がどういうものであるかがだんだんわかるようになりました」

親神様は、実の神様である。今こうして神様の懐で生かされていることを知る中に、より身近に神様を体感することができるのである。

天理王命とは

「親神を、天理王命とたたえて祈念し奉る。紋型ないところから、人間世界を造り、永遠にかわることなく、万物に生命を授け、その時と所とを与えられる元の神・実の神にていいます」

（天理教教典　第四章　天理王命　36頁）

とある。

お道では、神様を、天理王命と呼ばさせて頂き、礼拝する。

なぜ、礼拝の中心である神様を「天理王命」と呼ぶのか？　神名として冠するのは、大きな意味があると思う。

天……宇宙、全空間。

理……理法、法則、摂理。

王……統治するもの、守護するもの。

命……主体、根源なるもの。すなわち、宇宙を、理法で、統治する、根源なるもの。

これが、天理王命の本来の意味である。宇宙を守護するのは神様の常であるが、理法、法則を持って守護するというところに、お道の神様の大きな特徴があると思う。

「神は理であり、理は神である」とも言われる。

この世の中は、デタラメではない。蒔いた種は、種通り皆生える。濁流のような運命に翻弄されたものにとって、ここにこそ救いがあり、一筋の灯りがある。

この道は、いんねん切り替えの道と言われる。成って来る姿からいんねんを悟り、コツコツと良い種を蒔く生き方を学ぶのである。

私の曾祖父は、立て続けに五人の子供を失った。その中から、深いいんねんを悟り、道一条を志した。そして、今、曾孫たちの子供は皆育っている。

天理王命とは、茫然自失したものが、この世の法則「天の理」を知り、生きる力を得る。その頼みの綱が天理王命と考えたら良いのではないか、と思う。

神の望み

親である神様は何を望まれているのか、原典の中から調べてみたいと思う。
○みんなが仲良く、一手一つに勤めること。
たゞ一つ皆一手を神の望み。……違う物を隔てる理は破れた物も同じ事……。

(明治31・7・25)

親になって初めてわかることであるが、子供達が仲良く楽しんでいる時ほど、幸せを感じる時はない。親の願いを忘れず、一手一つに通らせて頂きたいと思う。

○重荷を人に持たせないこと。

重荷を人に持たすやない。重荷という、重荷は、めん〳〵が持ってするは、これ神の望みである。（明治33・10・26）

一生懸命に頑張っている人を、見て見ぬ振りをする。そんな冷たい心になってくれるなという親心を知りたいと思う。

○見栄を張らずに、真実の心で通って欲しい。

外の錦より心の錦、心の錦は神の望み。飾りは一つも要らん。（明治35・7・20）

世間の道は表の道。神の道は裏の道。世間の常識や体裁に囚われて、ついお道を忘れてしまうことがある。根っこに肥やしをやる。だから枝葉は栄える。枝葉に振りまわされない確固たる信仰信念を持ちたい。

○おたすけは、遅れてはならない。

どんな事でも、人の事と思わず、飛び込んで運ぶは神の望み。あちら破れこちら破れ、千切れ〳〵になって了うてから、どうもならん。（明治39・5・26）

忙しい中で、気に掛かっても放っておいてしまうことがある。切れ切れになってからではもう遅い。早く運ぶように、と。おたすけは早め早めにしたいと思う。

原典の言葉は心に響く。心に刻んで、神様の望みに応えられるような日々を通らせて頂きたい。

神の残念

参考に、神の残念、神の嫌いなどについても書かせて頂きたい。

○神の道を勝手に変えるのは、神の残念。

存命教祖の道、あれも変えにゃならん、これも変えにゃならん、というは、神の残念々々。 (明治33・10・16)

信仰は、神様に合わせるのが本筋。ところが、自分の都合に合わせる我流信仰の人が時々いる。稽古ごとでも我流の人の伸びは無い。是非、人間思案を捨てきった素直な、たすかる信仰をめざしたいと思う。

○神はほこりは嫌い。

神はほこりは嫌い。すっきり澄み切らにゃならん〱。人間心から見て曇り一

寸あれば、底まで濁ったるというも同じ事。（明治31・6・12）

人間の悩みは、事情も身上も全てが自分の心のほこりから出てきたもの。人間心から見た一寸のほこりも、底まで濁っているとはよくよく反省しなければなるまい。

○口先だけの信仰は、受けとれん。

口でどのような事唱えたとて、心に行い無くして神が受け取り出けん。（明治33・12・7）

陰の真実ほど、心に感動を与えるものは無い。反対に、口先だけで実行の伴わない人ほど不愉快なものはない。お道は、実行信心。実践を忘れまいと思う。

○捨て言葉は、神は大嫌い。

なれど神に切る神は無い。なれど切られる心はどうもならん。仇言（あだこと）にも捨言葉神は大嫌い。（明治24・1・28）

言葉一つがようぼくの力という。言葉は人を生かしも殺しもする。ほめ言葉、お礼言葉、お詫び言葉を忘れずに、ゆめゆめ捨て言葉など使わないようにしたい。

原典おさしづから抜書きしたが、すべてついそうなりやすいものばかりである。心に刻んで通らせて頂きたいと思う。

いんねん

―この世は偶然の世界から、理の世界へ―

ナスの種を蒔けばナス。キュウリの種を蒔けばキュウリが稔る。当たり前である。が、人間には欲がある。その欲の心が、考え方を狂わせ、生き方を狂わせる。

行き詰まると、この世の中はデタラメだと思えるようになる。種通りは畑の中だけ。真面目に努力するのは馬鹿々々しい、と。

やがて、家庭崩壊や病気など深い悩みの中でいんねんの教理を知り、心は大変革。

　このよふハりいでせめたるせかいなり
　なにかよろづを歌のりでせめ
　　　　　　　　　　（おふでさき　一―21）

この世は、一分一厘の狂いもない世界。蒔いた種通りの世界、と。

どうにもならない悩みの解決には、何としてもいんねんの教理が必要である。

自分のいんねんがわかるから喜べる、良い種を蒔く。そして、幸せになっていく。

元のいんねん

第一に、我々は「元のいんねん」を忘れてはなるまい。

月日にわにんけんはじめかけたのわ
よふきゆさんがみたいゆへから　（おふでさき　十四―25）

この短いお歌が、人間創造の理由を端的に示されている。人間は、陽気ぐらしをさせたいという親の思いが込められている、と。そして、どんな嫌なことにも陽気ぐらしをさせたいという親の思いが込められている、と。言い方を換えると、元のいんねんとは親神様と人間は実の親子だといういんねん。それ故、人間はみな陽気ぐらしができるといういんねんがあるからである。

元のいんねんを忘れたら、お道の信仰は台無しである。底無しの明るさがどこかへ行ってしまう。陽気ぐらしが看板であるお道らしさも無くなってしまう。

お道の学校である三カ月の修養科は、それこそ病気や家庭のゴタゴタで悩んだ末に入ってこられる人が多い。しかし、一カ月、二カ月と過ぎるうちに、どの人の顔にも笑顔が見られるようになる。いつでも、どこでも、陽気ぐらしの話を聞かせて頂くからである。

「病気？　大いに結構です」

「家庭のゴタゴタ？　大いに結構です」

「お道では、身上、事情は道の花。節から芽が出ると言います。先を楽しみに、大いに喜んで、大いに勇んで通ってください」

だから、病気の真っ只中でも喜びの心が湧いてくる。家庭のゴタゴタの中でも勇む心が溢れてくる。

そんな心の大変革の中で、厳しい身上、事情からたすかっていく。たすかった感激の連鎖で、お道は全世界に広まって行ったのである。

自分の自由になるのは、心一つ。陽気ぐらしの心で通れば、どんなご守護もくださる。

どんな親でも、子供の幸せを願わない親はいない。たとえ怒ったとしても、それは子供の幸せを願えばこそである。

陽気ぐらしをさせたい思い一杯の親神様。その温かい親の身体の中で過ごさせて頂いていることを、いつも忘れないでいたいと思う。

蒔いた種がある

さて、「元のいんねん」と共に大切なのが、「個々のいんねん」である。成ってくることには種がある。これがわかる。そこから陽気ぐらしへの道が始まる。動物は知恵が無い。成ってくるものには蒔いた種があることを知らない。人間は知恵がある。成ってくるものには蒔いた種があることを知っている。だから、種を蒔いて一粒万倍の豊かさを手に入れた。狩猟採集生活から農耕文化を生みだし、人間らしい豊かな生活をするようになったのである。

どんなことが起きてくるにも種がある。今生か前生かわからぬが、自分自身が蒔いた種がある。これがわかることが、人間の知恵、幸せへの第一歩だと思う。「蒔いた種」がわかると、すべては自分が原因だとわかる。だから、嫌なことが起きても、人を責める心が無くなってくる。苦しい中でも、いんねんの自覚から「たんのう」の心が生まれてくる。

そして、厳しい中からでも、良い種を蒔くことを心掛けるようになる。人に喜んで頂く「ひのきしん」に、精一杯頑張るようになってくる。

いんねんの自覚こそ、喜びの種が芽生え、陽気ぐらしが生まれる元と言えよう。畑の中では、カボチャの種はカボチャ、スイカの種はスイカ、とわかる。が、これが、世の中のこととなると、複雑なのでだんだんわからなくなってくる。心のほこりが積もると、ますますわからなくなる。たんのうも出来ず、ひのきしんも出来ず。遂にデタラメな生き方になる。

だからこそ、理の世界に心の目を開きたい。いんねんとは種と苗代のこと。どんなものにも種（いん）があることを、しっかり心に刻んで歩ませて頂きたい。

いんねんは、すぐにはわからない

自分のいんねんというものは、人生のいろいろな節に出会って、どうにも解決が出来ないような事態に何度も何度もなって、だんだんとわかってくることが多い。

考えてみれば、親も離婚した。兄弟も離婚した。自分も離婚した。

考えてみれば、一年前にもお酒で失敗をした。半年前にもお酒で失敗をした。

絶対嫌だと思いつつ成っていく。なぜ、そうなるのだろうか？

いいいいんねんというものは、一度に分かるやない。

（おさしづ　明治21・4・14）

とあるが、親兄弟の様子や自分自身の体験から徐々にわかってくる。

このいんねんを切らなければ、必ずまたやってくる。

このいんねんを切らなければ、必ず子供に伝わっていく。

そんないんねん自覚の中から、ひたむきないんねん切り替えの道が始まるのである。

実は、私自身もいんねんがすぐにわかったのではない。それは、大勢のさまざまな人のおたすけを通して、だんだんにわかってきた。

アルコール依存症、ギャンブル依存症、多重債務、ホームレス、夫婦不和。

人生に行き詰まって、教会に入ってくる。そんな中で、だんだんと立ち直ってくる。そのうち、教会へ来た時の苦労を忘れて離れていく。そうすると、一年くらいで、ほとんどの人が元の悲惨な状態に戻っていく。

行き詰まったいんねんは、切らなければ絶対たすからない。そんなお道の当たり前の教理が、だんだんとわかってきた。

だんだんとしかわからないから、ついいんねん切り替えが遅れ、たすかるのも遅れる。それでは、世界たすけの道が遅れるばかり。

いんねんの自覚というと嫌がる向きもあるが、逃げずに、明るく、勇んで、先を楽しみに通らせて頂きたいと思う。

いんねんは平等である

この世の中は、大邸宅に住む大富豪もいれば、橋の下に住んでいるホームレスもいる。元気モリモリの筋肉マンもいれば、歩くことも出来ない虚弱体質の人もいる。今だけみれば、不平等も甚だしいと思う。しかし、長い目で見れば、寸分の狂いも、へだても無い、実に平等な世界なのではあるまいか？

ナスの種を蒔けば、ナスが実る。

キュウリの種を蒔けば、キュウリが実る。

大金持ちでも、貧乏人でも、誰が蒔いても蒔いた種通りのものが実ってくる。この世は全く平等である。が、前生、前々生で、蒔いた種が違うから大きな違いになってしまうのである。

話は変わるが、どん底の貧乏で、病気持ちで、どうにもならないいんねんの悪い夫婦があった。何をやってもうまくいかない。

そこで、教会の門をくぐった。

教会で「何をやってもうまくいかないというのは、よほどいんねんが悪いのでしょう。日参に励みなさい」と言われて、バス代をおつくしにして日参を重ねた。

それから幾年月、有名なうどん屋になり、チェーン店が国内ばかりでなくニューヨークにまで出るようになった。

神様は、

いんねんもをふくの人であるからに
とこにへだてハあるとをもうな
（おふでさき　四―61）

と教えられている。世界には多くの人がいるが、へだては微塵（みじん）も無いと言う。実に爽やかなお歌である。ならば、人だすけの種を、喜びの種を、しっかり蒔かせて頂きたいと思う。

いんねんとは組み合わせ

「見るもいんねん、聞くもいんねん。添うもいんねん」

と聞かせて頂くが、自分のいんねんに相応しいものが近くに寄ってくるから、不思議なものである。

私は大学を卒業して、その年の五月に修養科に入らせて頂いた。修了時、日本橋詰所で修養科修了生の記念写真を撮って頂いたが、その両隣にいたのが、報徳から入ったTさんとS氏だった。

その時、私は報徳へ来ることになるなどということは、全く知らなかった。しかし、ご縁のある人は、自然と近くに寄るものだと数年後写真を見ながら驚いた。

M先生は、この世の不思議な法則について、『同因求互（どういんきゅうご）』と言われた。同じいんねんの者は、お互いに求め合うものだ、ということである。

また、ユーモアたっぷりで話すT先生は、「花に蝶。砂糖に蟻。糞に銀蠅」とよく話された。蝶か？　蟻か？　銀蠅か？　何が寄ってくるかで、自分の値打ちを知るようにということである。

夫が悪い。妻が悪い。子供が悪い。姑が悪い。嫁が悪い。世の中が悪い……。そんな時に、自分はどうなのか？　案外忘れているので考えてみたい。

どんな人と組み合わさるか？

どんな仕事と組み合わさるか？

どんな身体と組み合わさるか？

すべては自分の徳一杯。すべては自分のいんねん通りである。

私は「自分が変われば、全てが変わる」と、人にも自分にもよく話しかける。

徳積みの道、いんねん切り替えの道を、精一杯歩ませて頂きたいと思う。

いんねん寄せて守護する

アルコール好きには、お酒飲みが集まってくる。

ホームレスには、ホームレス。

デタラメ夫には、だらしない妻。

努力家の夫には、気の利く妻。

大体、世間の相場というものはほとんど決まっている。

が、時折、なぜ？　どうして？　という組み合わせがある。

いんねんのあるものが寄ってくるというが、どうしても納得が出来ない組み合わせは、一体どう考えたら良いのだろうか。

それは、前生のいんねんを取り消しにするためである。

今日借金しなくても、昨日借金していれば、借金取りがやってくる。今日飲酒しなくても、昨日深酒をしていれば、二日酔いをする。

それは、前の不祥事を消すためなのである。

『真実の道』（道友社刊）の中に、「昆布売りの話」というのがある。

妻に無くなられた真面目な夫が再婚もせずに、心を込めて育てた娘に盗癖が出てきた。そして、ほとほと困った。そこで、教祖に尋ねると、

「前生、父娘は夫婦の間柄だったのや。夫のあなたはデタラメで、妻は苦労に苦労を重ねて死んでいったのや。前生の妻が娘やで」

とのことであった。深い前生のいんねん自覚の中に、たんのうの心が生まれた。

そして、娘の盗癖は薄紙をはぐように直っていった。

「なぜ？」というものはないと聞かせて頂く。前生のいんねんで一緒に成らせて頂き、離れられないご縁だからこそ、たんのうさせて頂き、いんねんを切って頂くのである。

「いんねん寄せて守護する」と言われる。いんねんの組み合わせは、神様のたすけたいとの深い思惑がこめられている。

夫婦、親子、兄弟。そして、周囲の人達とのご縁の深さを知り、たんのうして先を楽しみに通らせて頂きたいと思う。

自分のいんねん

自分自身のいんねんを知っておくことは、そうならないために大事なことだと思う。

私の生まれた中臺家のいんねんは、断絶いんねんである。

曾祖父・中臺庄之助、タケ夫妻は、五人の子供を立て続けに失った。三人は生まれてからで、二人は流産である。直接の動機は熱病であるが、それからの入信となった。

私の家内は岡部家から来てくれたのであるが、岡部家が断絶するところを、岡部のご両親が夫婦養子で継いだ。その長女である。

報徳分教会は、私で十代目。初代、二代、三代とみな姓が変わった。私の前も、その前も、みな姓が違う。代々の会長様はそれぞれ精一杯頑張られたが、子供につながらないといういんねんがあった。

そんな中で私が報徳の会長に就かせて頂く時、大教会長様から「断絶のいんねんがあるから、何としても大教会への日参だけは欠かさぬように」と言われた。今も実践させて頂いているが、良い忠告を頂いたと心の底から思う。教会へ来させて頂いてから五十年。大したことは出来ないが、十年以上なかなか続かなかった会長職を、お陰様で無事に勤めさせて頂いた。

五人の子供達も、みな元気に育っている。

平成二十八年九月には、長男が教会を継いだ。創立以来十一代目で初めて親から子へつながった。実に有難いことである。

断絶いんねんの自覚が無かったら、大教会への日参がどこまで続いたかわからない。中途半端でやめて、家族も、信者さんも、バラバラで治まらない断絶いんねんが噴出してきたことと思う。

いんねんというと、責められるようでつい避けてしまう。しかし、本当はいんねんの自覚が出来るから、当たり前の今が喜べる。そして、先を楽しみにいんねん納消の道が歩めるのである。

自分のいんねんを知って、今を喜び、先を楽しむ道を歩ませて頂きたいと思う。

癖性分はいんねん

いろいろな癖があるものである。

すぐ笑う癖。おせっかいの癖。

そういう癖は良いが……。

酒癖。ギャンブル癖。

こういう癖。人に迷惑をかけて、自分も崩れていく癖が怖い。

そういう人に癖やいんねんの話をすると、「これはちょっとしたことで、やめようと思えばすぐにでもやめられるんですよ」と言う。

ところが、決してやめられず、何度も繰り返して人生を駄目にしていく。

お道ではこう言われている。

考え方は、今世のいんねん。

癖性分は、前世のいんねん。

考え方は、案外すぐに変えられる。ところが、癖性分は前世からの持ち越しのいんねんで、なかなか直りにくい。困っている人はわかると思うが、実にしぶとい。

簡単に言えば、この困った癖性分を直すのが「いんねん切り」ということである。

お道では、いんねん切り替えの道として、まず「たんのうの心」と「ひのきしんの行為（態度）」が教えられている。これは、癖性分を取るための最適な道と言えよう。

「好きが嫌いに、嫌いが好きに」と教えられる。

これが、いんねんの変わった姿である。

お酒が好きで、ギャンブルが好きだった人が、アンコロ餅を好きになって、働くのが何より楽しくなったら、いんねんが変わったということである。

いんねんとは不吉なもの。得体の知れないもの。だから、聞きたくないという人もいる。そうではなく、自分の心の中にある、癖性分であることを知りたい。

いんねん切りの道

さて、いよいよいんねん切りの道である。

わかりやすく言えば、癖性分を変えるということである。

「三つ子の魂、百まで」と言われるのに、そんなことが一体出来るのだろうか？

私は、アルコール依存症の人を何人も預かって、何度も失敗している。三人や五人ではない。だから、いんねん切りの難しさは、とことん感じている。

アルコール依存症の専門医さえ「直すことは出来ない。飲むだけ飲んで、死ぬ人は死ぬ。地獄の苦しみから立ち直る人は、自分の強い意思で立ち直るのだ」と言う。

ギャンブル依存症も、色情も、多重債務も、ホームレスも、なかなか難しい。

難しいいんねんは、昔から「においがけ、おたすけ、つくし、はこび、ひのきしんの徳積みで納消される」と語り継がれている。

「ごめんください。近くの教会の者ですが」と戸別訪問をするのも楽ではない。

汗水流して得た大切なお金を「はい、お供えです」と出すのも簡単ではない。

しかし、大変なことをするから、大きく変わるのである。

道一条の人は、においがけ・おたすけが、主な徳積みの道となろう。

世間で働いている人は、つくし・はこび、ひのきしんが主な徳積みの道となろう。

教会では、大勢の住み込みさんがおられるが、いんねん切りの道として「においがけコース」と「ひのきしんコース」の二つのコースを決めてある。

においがけコースは、毎日においがけ一筋に通る人。

ひのきしんコースは、世間で働いておつくしを心がける人。

二つのコースは、日々の生活パターンが違うので、どうなるかと心配であったが、それぞれに頑張っていてくれて先が楽しみである。

人間は、神様のご用をさせて頂く。神様は、人間のいんねんを切ってくださる。悩んでいた自分もたすかるし、この世も陽気ぐらしの世界になる。

ここに、お道の素晴らしさがあろう。

いんねんが深いから結構

ある時、白熱的な布教で活躍されているN先生に、こんな話をされた方があった。

「先生は、幾千幾万の人に慕われて栄光への道を歩まれていますが、実に素晴らしいですね」と。

すると、N先生は、「いんねんが深かったので、横目をふる間がなかったからです」と答えられた。

「いんねんが悪い」と言うと、「困った」と言う人は多い。しかし、そうばかりではない。いんねんの自覚がしやすいから、かえって幸せになった人は多い。

周りを見渡せば、どん底から大変結構に成っている方が沢山おられる。ある教会へお話に行かせて頂いた時のことである。

六階建てのビルを新築したとのことで、その由縁を聞かせて頂くと、

「私の家は代々肺の病と貧乏続きで、いんねんがとても悪かったのです。『人をたすけて我が身たすかる』と聞いて、ともかくおつくしで頑張らせて頂きました。建築士をしている息子達は、今も精一杯おつくしをしています」

と言う。

素晴らしい花が咲くのは、土中に隠れた根に肥やしをやるからである。枝葉が枯れてきて、どうにもならないほどの惨めさを味わって、初めて知る根の根の大切さがわかった。見えない土台の世界に目が開かれた。これが、前生いんねんの自覚というものではあるまいか？

信仰初代は、深いいんねん自覚から素晴らしい道を歩まれた。そして、明るい結構な姿をご守護頂かれた。ところが二代、三代となるにしたがって、悪いいんねんも薄らぐが、徳積みを忘れて、昨今はいんねんが再発している人がかなりいる。

元一日を忘れず、しっかりといんねん自覚をして、油断せずに通らせて頂きたい。

三つの大きないんねん

これは、立教の三大いんねんとは違う。昔から言われている、個人的な悩みとなる三つの大きないんねんのことである。

それは、親不孝いんねん、色情いんねん、横領いんねんの三つだという。

「親不孝いんねんの人」

神経の病に気をつけたい。親子の縁が薄くなる。力のある時は良いが、晩年が寂しい。物や人の恩を忘れないようにしたい。

「色情いんねんの人」

家庭がバラバラで治まらなくなる。離婚、夫婦の不和、生涯独身などとなって現れやすい。

「横領いんねんの人」

遺産相続で財産争いが起きやすい。ギャンブルいんねん。子供が浪費癖の場合もある。コツコツと財産を築いても、失うか、幸せの役に立たない。

教祖は親不孝いんねんや色情いんねん、横領いんねんという言葉は一切お使いになっておられないが、私のおたすけ経験からのざっとした所見である。代々のいんねん、前生いんねんの場合も多い。気に触った人があったら心からお詫びしたい。悪気で記したのではなく、各自のいんねんの自覚から素晴らしい道を切り開いて頂きたいためである。

ちょっとした気まぐれで、親不孝をする。浮気をする。人の物を横領する。が、蒔いた種は必ず生えてくる。だから、親不孝と、色情と、横領は、本当に慎まなければなるまい。

どんなに深いいんねんがあっても、ガッカリすることは一つもいらない。納消すれば良いのだから、明るく勇んで、先を楽しみながら通らせて頂きたい。

中臺家は断絶いんねんである。元をたどれば親不孝いんねんと言えよう。まず自分が親孝行の道をしっかり歩ませて頂きたいと思う。

いんねんと遺伝

最後に、いんねんというとどうしても引っかかる人に、現代用語の「遺伝」という言葉を用いて考えてみたいと思う。

遺伝は、身体（かりもの）を対象としたその人の情報である。いんねんは、魂（心）を対象としたその人の情報である。「いんねんというは心の道、と言うたる」と仰せられる。

自分の細胞に、遺伝情報が刻まれている。最新の医学では、その遺伝情報を読み取ることによってどんな病気で出直す（死ぬ）かもわかるという。その遺伝情報は、全てが両親から譲り受けたものだから、両親や兄弟と思う病気も当然似てくる。いんねんも然り、両親や自分の兄弟とは当然似てくる。

遺伝といんねんの違いはどこかと言うと、身体と魂という器の違いである。身体は一代限りでお返しするが、魂は八千八度の生まれ変わりをしている。

身体はかりものであるが、魂は自分の本体である。いわば、遺伝はかりものに限ったものであり、いんねんは自分の本体と言えよう。

いんねんというのは、何代も生まれ変わりの中で魂が経験してきたことが組み込まれているコンピューターの記憶装置のようなもの、と考えればよいと思う。

どんな道を通ってきたかが、そのまま魂にプリントされて残っている。

デタラメな種を蒔いてきた人の魂には、デタラメなことがプリントされている。真実をつくした人の魂には、真実がプリントされている。

一つの細胞にも莫大な遺伝情報が刻まれているように、自分の魂にもしっかりと無数の情報が刻まれているのである。

この道は、「いんねん切り替えの道」と言われる。

何代も生まれ変わって積もった心のほこり。何代も続いた家系の運命。この流れを変えるという一大事業こそ、この道を信仰する意味なのである。

いんねんというと、非科学的なものとして捨てられる向きもある。が、いんねんの自覚の中に、運命切り替えの道があることを心に刻んで通らせて頂きたい。

元初まりの話
―元を知らない暗黒の考え方から、元を知る明快な考え方へ―

なぜ、人間がこの世に生まれて来たのか？　そういうことは、なかなかわからないことである。生きる目的がわからないから、やる気が出ない。勇めない。やがて、荒廃した考えも湧いてくる。そんな中でお道の教えに出会う。

月日にわにんけんはじめかけたのわ
よふきゆさんがみたいゆへから　（おふでさき　十四—25）

この世は、互いにたすけ合う陽気ぐらしが目的だと知る。目的がわかる中で、心は大変革。パッと晴天の心になる。未来に明るさが見えて、大いにやる気が出てくる。

元初まりの話は、その他にも、誰が？　いつ？　何処で？　どのように？　など人間創造の根底を明かし、生きる上での数多くの示唆を与えてくれている。

そこで、人間創造の元を知る中に、心がどう変わるのかを考えてみたい。

陽気ぐらし

お道は、とても明るい。

人間の生きる目標は陽気ぐらし。そう考えただけで、誰でも明るく勇んでくる。

実は、この陽気ぐらしこそ、元初まりの話の冒頭に出てくる話なのである。

「この世の元初りは、どろ海であつた。月日親神は、この混沌たる様を味気なく思召し、人間を造り、その陽気ぐらしをするのを見て、ともに楽しもうと思いつかれた」

（天理教教典　第三章　元の理　25頁）

何度聞いても、実に快く胸に治まる。

人間は、なぜこの世に生まれて来たのか？

こういう問いは、わかるようでわからない。

私の大学二年の時、何もする気になれず悶々としていた。その時に、たすけられたのがこの「陽気ぐらし」の教理であった。

暗雲に閉ざされたような毎日が、輝く青空に大転換した。

後に、感激したおふでさきを読み返してみた。

　月日にわにんけんはじめかけたのわ
　よふきゆさんがみたいゆへから

（おふでさき　十四―25）

　せかいにハこのしんぢつをしらんから
　みなどこまでもいつむはかりで

（おふでさき　十四―26）

本当にそうだと思った。この元初まりの真実を知らないから、人間は自分の生きる意味がわからなくなって、いずんでしまうのだと。

人間は、自分さえ良ければ、人はどうでも良いと考えやすい。

しかし、そのまま行くと、孤立して、誰からも愛されない、相手にさえしてもらえないようになる。それが家庭の混乱を生み、やがては病気の元にもなる。

人間の生まれた意味は、互いにたすけ合う「陽気ぐらし」を実現するため。

元初まりの話に、はっきり記されている。

まず心の中に、今日を生きる目的・陽気ぐらしを叩き込みたいと思う。

うをとみ

日本橋大教会の青少年の集いに、「うをみ会」がある。

毎年十一月二十三日に家族揃って千人くらい集まって、おつとめとお話と模擬店で楽しい一日を過ごさせて頂く。

この「うをみ会」の名も、実は元初まりの話の中から付けられたものである。

元初まりの話の中に、

「そこで、どろ海中を見澄まされると、沢山のどぢよの中に、うをとみとが混つている。夫婦の雛型にしようと、先ずこれを引き寄せ、その一すじ心なるを見澄ましなる。

前生からのいんねんで一緒になった二人。心のほこりを払って、睦まじく一つに

さて、長年寄り添って暮らす夫婦とは、実に不思議なものである。

人間創造の元は、うをとみ。男と女。すなわち夫婦が大切ということである。

（天理教教典　第三章　元の理　25〜26頁）

た上……」とある。

まさに、陽気ぐらしの基本。その原型が夫婦ということである。

が、今、アメリカでは一年間で夫婦の二組に一組、日本では三組に一組の割合で離婚すると言われる。

家庭が崩壊の危機に瀕している。別れたければ別れたらと簡単に言うが、子供の心が裂かれ、いじめ、家庭内暴力、学級崩壊、非行、ひきこもり等々危ない将来を予測する現象が続出している。

世の中が急激に変化し、何が大切なのかがわからなくなった今日、夫婦の大切さをもう一度思い返してみたいと思う。

夫婦の治まりは何処にあるのか？「自分が変われば、全てが変わる」だと思う。相手を責めるのではなく、温かい心に自分が変わることが治まる元だと思う。

が、現実は厳しい。家庭内暴力などで命が危ない場合もある。やむなく離婚した場合は、神様を頼りにして、先を楽しみに歩みたい。

子供にいんねんが残らないよう、まず徳積み。そして、世界一列みな兄弟、教会家族の中で、たすけ合いの喜びの輪をどんどん広げたい。

ひとすじ心

どんな人の魂も、本来は美しいものであることを知りたいと思う。

人間の元となった夫婦の魂は、綺麗な一すじ心であった。

また、人間の種である泥鰌（どじょう）についても、

「親神は、どろ海中のどぢよを皆食べて、その心根を味（あじわ）い、これを人間のたねとされた」とある。


（天理教教典　第三章　元の理　27頁）


人間の種である泥鰌は、みな親神様に食べられて、心根が良いものと判断されてこの世に生まれて来た、ということである。

酒飲み夫。冷たい妻。非行少年少女。嫌味な同僚や上司……。

この人がいなければ、どんなに毎日が楽しくなるだろうという嫌な人が、近くに

一人くらいいるものである。

しかし、この「元初まりの話」からすると、どんな人も親神様に認められて生まれて来た人。ずーっと遡れば、嫌な人の親も、自分と同じ親、親神様である。

人間の魂の元々の姿は、誰でも綺麗。

親神様にとっては、誰もみんな可愛い我が子。

ここに、お道の救いの根本がある。

どんなヒネクレ者の魂も、最初はひとすじ心で綺麗だった。それが、生まれ変わりの長い年月の中でほこりをかぶって、癖性分の強い人間になってしまったのである。だから、心にこびりついたほこりさえ払えれば、極悪非道の人もおたすけ人になれる。

お道の話の理で、心のほこりがだんだん取れてくる。そこに、お道の救済がある。

また、親神様が人間の親なら、世界一列は皆兄弟。兄弟がたすけ合えば、親はどんなに喜んでいるかわからない。その親の喜びこそ、お道の者のおたすけの原動力にもなっていよう。

繰り返しになるが、どんな極悪人も心のほこりが払えれば必ずたすかる。

「元初まりの話」をしっかり心に刻んで、おたすけに邁進したいと思う。

立教の三大いんねん

〈教祖〉は、常人ではない。人間創造の時における、母親の魂のお方である。
〈ぢば〉は、単なる一教団の聖地ではない。人間宿し込みの元のぢば。全人類の故郷である。
〈立教の日〉は、偶然にやってきたのではない。人間創造のときの人と場所と時が、すでに予定されていた日だったのである。

お道の信仰は、この三つの出来事、すなわち立教の三大いんねんによって始まったことを知らなければならない。さもないと、つまらない新興宗教と同じように考えて、深い信仰には到達し得まい。

この大切な立教の三大いんねんも「元初まりの話」の中に書かれてある。

「最初に産みおろす子数の年限が経つたなら、宿し込みのいんねんある元のやしきに連れ帰り、神として拝をさせようと約束し、承知をさせて貰い受けられた」と。

（天理教教典　第三章　元の理　26頁）

教祖百年祭の時であったが、ハンセン病からたすかった韓国布教の第一人者・催宰漢（チェジェハン）氏はこう言い切った。

「この教祖百年祭は、天理教の信者だけの年祭ではありません。全人類の母親の年祭なのです。だから、人間なら皆帰って来て頂かなければなりません」と。

実に、単純明快。説得力があり力強い。

余談になるが、催氏の布教方法は、大衆の面前で路傍講演をするもので、実に気迫満々たるものであった。

それを生涯貫き通した。

「ご通行中のみなさん。ご参考までに申し上げます。私は、ハンセン病という厳しい病気を天理教でたすかりました。人類創造のぢばは天理市にあります。ぜひご参拝ください」

数万人という信者を育てた元南星教会の初代会長・催氏。その胸には、この立教の三大いんねんがしっかり刻まれていた。元初まりの話が、深く胸中にあればこそ、幾万の人にも堂々と説かれたことと思う。

親神様の十全のご守護

人間の身体がどのように創られたのか？

どのように創られたかがわかれば、どのようにすればたすかるかがわかる。

根本にもどって考えるのであるから、これほど確かなことは無い。

病の諭しで心の手術をするのであるが、その根拠は一体どこにあるか？

それは、すべて「元初まりの話」の中にある。

長いので、一部を引用すると、

「更に、東の方からうなぎを、坤の方からかれいを、西の方からくろぐつなを、艮の方からふぐを、次々と引き寄せ、これにも又、承知をさせて貰い受け、食べてその心味を試された。そして夫々、飲み食い出入り、息吹き分け、引き出し、切る道具と定め」とある。

（天理教教典　第三章　元の理　26～27頁）

さて、参考までに胃腸の具合が悪い人は、どういう心の手術をしたら良いのか？

東の方から、うなぎを引き寄せて、食べてその心味を試して、飲み食い出入りの道具とされた。というのであるから、胃腸の悪い人は、うなぎのような心使いを習ったら良いのである。

すなわち、うなぎは、くねくねと柔らかい。空気の中でも、真水の中でも、海水の中でも、どんな中でも棲むことが出来る。そんなことから、柔らかい心。好き嫌いのない心。それが肝心だと教えられる。

胃腸を患う人は、固くて、好き嫌いをする人が多い。あれがいかんこれがいかんと言うと胃潰瘍になる。語呂合せでもそう言われる。冗談ではなく本当なのである。お道に入った家の初代、教会の初代は、不治と言われた病気をたすけられた人が実に多い。それを考えると、病の諭しの重みがずっしりと感じられる。

元初まりの話を土台として、先輩達が苦心を重ねて作り上げた病の諭し。それは、おたすけをすればだんだんとわかってくる。

元の理の勉強とおたすけで、より深い信仰を得たいと思う。

産みおろしの子数と年限

「……最初に産みおろす子数の年限が経つたなら、宿し込みのいんねんある元のやしきに連れ帰り、神として拝をさせようと約束し、承知をさせて貰い受けられた」

とある。　　　　（天理教教典　第三章　元の理　26頁）

最初に産みおろしの人間の魂の数（九億九万九千九百九十九人）と、産みおろしから立教までの年限の数が同じ数とは、実に興味深いことである。

立教の頃の世界人口が、約十億人と言われる。

生命らしい姿である有性生殖が始まったのは、約十億年前と言われる。

年々変わる科学で、不変の教理の正当さを証明しようとは思わないが、調べる方法もなかった江戸末期から明治初期に、一女性が当時の世界人口や生命（有性生殖・夫婦）の始まった時期を断言するとは信じ難いことである。

やがて、科学の極まりない発展で、「元初まりの話」が世界を舞台に脚光を浴びる日が来ると私は思っている。

さて、人間創造の時に九億九万九千九百九十九人の子数を宿しこんだ。

最初に、莫大な子数――魂を生んだ。現在の世界人口は七十余億人とも言われる。莫大な数の魂が、悠久の時を経て今がある。

その「魂」を忘れる。現代は、そんな中にいろいろな問題が噴出しているように思える。

例えば家庭である。夫婦の結合によって子供が出来る。だから、子供は肉体としての分身と間違う。分身と考える親のベタベタの溺愛。過保護で子供を駄目にする。一歩離れて心の目を開き、魂の次元で考えられるようになりたいと思う。

また、世界一列皆兄弟という。みんな仲良くという。

ところが、世界中で戦争の無い時はない。民族が違えば、敵という。いじめも多くなってきた。競争社会で、負けてはいられないという。

本当は、みんな兄弟姉妹。そんな魂の次元で考えられるようになってきたら、多くの問題が解決すると思う。

三度の出直し

「元初まりの話」の中で興味深いものに、人間創造の時の三度の出直しがある。

「最初に産みおろされたものは、一様に五分であつたが、五分五分と成人して、九十九年経つて三寸になつた時、皆出直してしまい、父親なるいざなぎのみことも、身を隠された」

（天理教教典　第三章　元の理　28頁）

話を省略するが、三寸五分で皆出直し、その後四寸でまた出直す。

どうして三度も出直すのか？　それにはいろいろな悟りがあろう。三度も人類の母親の胎内に宿って今の我々がある。三度もお腹を痛めた。そこに、どこまでも深い親の愛情を知る。そう悟る人もある。

また、一つの悟りであるが、三度の出直しの中に人間の心の成人の歩みが描かれているようで、私には大変興味深いのである。

信仰的成人の道は、平坦でもまっすぐな道でもない。それは、幾つかの挫折（出直し）を繰り返しながら進んでいく。

私自身がそうである。最初は二十歳の時。悩みのどん底で陽気ぐらしの教えに触れて、心からお道が好きになった。そして、毎日が楽しくて仕方ないくらいになった。

ところが、教祖百年祭が終わった頃、何となく喜びが薄れてきた。一体お道とは何なのだろうか？　悩む時が五年くらい続いた。そんな中で、人間のたすかる法則である『天の理』を知って、暗雲の心が晴天の心に変わったのである。

今は、お陰様で勇んで勤めさせて頂いている。

信仰的成人の道とは、歓喜と絶望が何度か繰り返されて、だんだんと人間的に成長して深みのある磐石なものになっていく。

信仰的煩悶の後に、ひと回り成人した深みのある信仰が待っている。だから、どんな中も挫けずに神様を信じて歩ませて頂きたいと思う。

出直し

お道における「出直し」の教理こそ、陽気ぐらしの教えとしては欠かせないものである。出直しの教理があるから、安心して生きられるのだと思う。

その出直しの教理も「元初まりの話」の中にある。

「その後、人間は、虫、鳥、畜類などと、八千八度の生れ更りを経て、又もや皆出直し……」と。

（天理教教典　第三章　元の理　29頁）

仏教では、「人間には逃れられない苦しみがある。それは、四苦で、生まれる苦しみ、病む苦しみ、老いる苦しみ、死ぬ苦しみがある」という。

お道では、「この世は陽気づくめの世界。だから、生病老死も、どんな悩みも陽気ぐらしのためにある」という。考え方が、まったく逆である。

さて、死ぬということであるが、この世の中に「死」という恐いものは無い。

あるのは「出直し」だけである。

誰にとっても、死ぬことは嫌である。が、お道では「古い着物を脱いで、新しい着物と着替えてくるようなもの」と説かれる。

ある時、おぢばの憩の家病院に「死ぬのは嫌だ。恐い。たすけてくれ」と叫んで、家族のものを大変困らせている病人さんがいた。そこへ通りかかったお道の先生が「死なないから安心しなさい」と話された。「本当ですか?」と病人が言えば、「本当です。死にません」と力を込めて話された。

以来、その病人は「死にたくない」と言わなくなった。そして、安らかに出直された。

そのお道の先生の心には、出直しの教理がしっかり治まっていた。その信念が、病人の恐怖を吹き飛ばしたと言えよう。

お道では臨終の時に、「また帰って来た時にはよろしくお願いします」とにっこり笑って出直された先輩が多かったという。

お道を信じて、誰もがにっこり笑って出直せるようになりたいと思う。

八千八度の生れ更り

人間は、現世だけのことを考えても解決できないことが多々ある。前世。今世。来世。この存在がわかれば解決がつく。また、長い目で見るから、人間らしい本当の生き方が出来るのだと思う。

この生き通しの魂も、前項で書いた「元初まりの話」の「八千八度の生れ更りを経て、又もや皆出直し……」から知ることが出来る。

さて、現世だけで解決が着かない問題とは何か？

まず、なぜ、生まれた時から差があるのかということ。病気持ちで生まれてくる。貧乏な家に生まれてくる。親がわからずに生まれてくる等々。

この不平等は、前世の通り方が現世を決めていると考えれば、納得がいく。

次に、なぜ夫婦、親子、兄弟となるかということ。前世の通り方で、ちょうど釣り合った同士が一緒になる。ご恩の借りを返すためである。だから、前生いんねんの自覚が出来れば、すべてが治まってくる。

最後に、身に憶えのないどうしようもない苦しみや悩み。

なぜ、自分はこんな目に……。この世が信じられなくなる時がある。そんな時でも、前生いんねんの自覚が出来ればたんのうの心が定まり、生きる力が出てくる。話は変わるが、本当の生き方も「生れ更り」を信じられる中にあると思う。

年老いて、もう先が無い。となると、気力もなくなってヤケにもなる。そうではない。来世がある。必ず生まれてくる。信じられれば、晩年こそ一生懸命に徳積みに頑張る。そんな生き方もある。

大先輩のK先生は、九十歳で出直す少し前に、「人生ニ終なし」と自分の信念を書かれた。大きな教会の門を入ると夫婦の銅像があり、その台に刻まれている。何という明るいものの方かと思った。

また来世がある。そう思うと、夢が生まれ、楽しくなってくる。生れ更りを信じて、長い心で本物の生き方をしたいと思う。

めざるが一匹

地球上の生命は、噴火や巨大隕石の激突などで環境が激変し、何度も絶滅の危機を乗り越えてきた。「元初まりの話」の中に、

「その後、人間は、虫、鳥、畜類などと、八千八度の生れ更りを経て、又もや皆出直し、最後に、めざるが一匹だけ残つた。この胎に、男五人女五人の十人ずつの人間が宿り……」とある。（天理教教典　第三章　元の理　29頁）

めざるがたった一匹残った。それがつなぎとなって、人間が増えてきた。このめざる一匹の計り知れない大切さを思う。

お道の先輩の話である。

「布教道中の苦労の末に、小さいながらも教会のご守護を頂くこととなった。ところが、教会になったら今まで来られていた信者さんがぱったりと来られなくなった。電気代、ガス代、その他教会になれば経費がいろいろかかる。そんな中で、心が倒れそうになった時、一人のご婦人さんが教会へつないでくださった。今考えれば、そのご婦人さんこそ『めざる一匹』であったのだ」と。

お道を通らせて頂いて懐かしいのは、土壇場でたすけて頂いた感激の思い出である。もうだめだ。万事休す。そんな時こそ、不思議なご守護を頂いた。

「どん底に、神が待つ」と言われる。わが身を捨てて通っていたら、行き詰まるような時もある。大節の時は、挫折しやすい。が、神様が鮮やかな、不思議なご守護を見せてくださるのも大節の時である。

「さあ〳〵続いてあってこそ、道と言う。続かん事は道とは言わん。言えようまい」と教えられる。

（おさしづ　明治39・5・21）

人間の創造にも、めざる一匹のような時があった。でも、めざるがいたからこそ今の人類がある。どうにもならない時こそ、めざる一匹の道中を思い起こして、勇んで通らせて頂きたいと思う。

水中の住居

人間の祖先は、サルである。それが現代科学の常識である。

サルが、木から降りてきて、人間になった。

ところが、人間は水中に住んでいたと「元の理」にある。

「この間、九億九万年は水中の住居、六千年は智慧の仕込み、三千九百九十九年は文字の仕込みと仰せられる」と。

（天理教教典　第三章　元の理　29頁）

人間の祖先は、陸上か？　水中か？　一体どちらが本当なのだろうか。

そこで、T氏の『水中住まいのサル』という短編を参考にして述べてみたい。

人間は、木から降りてきたというが、水辺に住んでいたという説も多い。

その根拠は何処かと言うと、イルカやクジラなどつるつるした皮膚の哺乳類は、水中に住んでいる。トラやライオンなどの毛の生えた哺乳類は、陸上に住んでいる。

人間の膚がつるつるしているのは、水中に棲んでいた証拠と思われる。

なぜ、人間は皮下脂肪を持っているのか？　皮下脂肪は全水棲動物にある。冷たい水中で体温を保つためである。霊長類の中でこの層を持ったのは、唯一人間のみである。

なぜ人間だけが陸上生活に適しない（走るのが遅い）直立歩行になったのか？

なぜ人間だけが言葉を話せるのか？　それは、群れを作る動物が、移動のしにくい、身振りによる会話が出来にくい水辺の生活から学んだ知恵と考えられる。

それは、水辺で活動し、棲むのに適していたからである。

その他にもいろいろあるが、読むほどに人間は水棲であったと思われる。

「元の理」の理解の根本的態度は、現代の科学で説明できないからといって諦めないことだと思った。科学は時代と共に変わるもの。教理は不変のものである。

不変のものを、変わるもので説明するのは、実に不合理である。

『水中住まいのサル』は、そんな「元の理」理解の一面も教えてくれた。

知恵の仕込み

人間は、ホモ・サピエンスと言われる。

これは、聡明な人、知恵の人という意味である。

人間の人間たるゆえんは、他の動物と違って知恵があるということである。

さて、「元の理」の最後の方に、

「……六千年は智慧の仕込み、三千九百九十九年は文字の仕込みと仰せられる」

（天理教教典　第三章　元の理　29頁）

とある。

知恵の仕込みが六千年。文字の仕込みが三千九百九十九年。合計で約一万年。

今から一万年前に知恵の仕込みがあった。知恵の仕込みというが、一体知恵を仕込まれて、一万年前に何が起こったのだろうか？

一万年前に、二百万年という人類の歴史に考えられないほどの大変化が起きた。

狩猟採集の原始的生活から、農耕文化の人間的な生活に飛躍していったのである。

人間は、種を蒔くことを知った。

人類の歴史から見ればごく最近のことである。その時から、収穫量は飛躍的に伸び、人間は他の動物と全く違った豊かな生活をするようになったのである。

種を蒔くということは、実に難しいことだと思う。秋の収穫を楽しみに、半年も前の春に種を蒔く。食べたい種を食べずに、地中に埋める。

知恵が育たなければ、なかなかわからない天の理である。

さて、この天の理は田畑の上にだけあるのではない。

わが身に生起する一切に、前世、前々世に蒔いた種を思う。

どんなことが成って来るのも、すべて過去に蒔いた種がある。

だから、いんねん切り替えのために、生活をギリギリに切り詰めてでも、良い種を蒔く。人だすけに、おつくしに頑張るのである。

いんねんの自覚。いんねん納消の道が理解出来る。これこそ深遠な知恵のゆえであろう。知恵のある者のみが知る「種を蒔く生き方」を忘れないでいたいと思う。

なぜ「元の理」が大切か?

お道では、「元の理」が大切だという。

くどいようであるが、最後にもう一度考えてみたいと思う。

きゝたくバたづねくるならいうてきかす　よろづいさいのもとなるを

かみがでゝなにかいさいをとくならバ　せかい一れついさむなり

とよろづよ八首で歌われる。

なぜ、「元の理」が大切なのか?

それは、元がわかれば、全てがわかって難問も解決してくるからである。元がわかれば、なるほどと得心が出来て、心は晴れて勇んでくるからである。

病気になる。家庭が治まらない。なぜか?

「元の理」では、人間は陽気ぐらしを目的に生まれてきたと教えられる。

ところが、恨んだり、憎んだり、腹を立てたり、陰気ぐらし、喧嘩ぐらしになるような勝手な心を使う。神様は、その心使いを注意するために病気や家庭のゴタゴタで教えてくださるのである。

「陽気ぐらしをするのを見て、ともに楽しみたい」という「元」がある。だから、病気になる理由がわかってくる。

何でも、元がわかればなるほどとわかる。得心が出来る。心が晴れる。だから、勇み心が出てきてたすかっていくのである。

「元の理」から幾つかの話を選んで書かせて頂いた。が、すべては人間の常識では解決出来ない問題である。

例えば、生きるということの意味。病気の意味。死ぬということの意味。生まれながらの不平等の意味。魂の本質。人間の親。魂の故郷等々、もっとも根本的な問題を解決している。そこに、「元の理」の絶対的必要性があると言えよう。

天理教教典第三章に「元の理」のお話が載っている。何度も読み返して、自分の血肉にしたいと思う。

「元の理」は、単なる人間の創造神話ではない。たすけの理話なのである。だから、特に病気や人間関係で悩んでいる人は、繰り返して読んで、陽気ぐらしの生き方の参考にしたい。悩みが大きいほど心の奥底へ深く深く沁み込んでいく。

悩む時は、神様が語りかけている時。心の目が開かれる時でもある。是非読み返して頂きたいと思う。

このもとをくハしくしりた事ならバ
やまいのをこる事わないのに
（おふでさき　三―93）

第二章　陽気ぐらしの生き方

人をたすけて、我が身たすかる

―たすかりたいから、たすけたい心へ―

夫婦が治まらない。親子がケンカする。どうしたら治まるのだろうか？精神の病気で困る。ガンの病気で困る。一体どうしたら良いのだろうか？深い悩みの中で、どうにかたすかりたい！　そんな必死の思いで教会の門を叩く。が、その時に聞く言葉は、予想もしない厳しい言葉である。それは、「たすかりたいではたすからん。たすける理がたすかる」という教えである。

その言葉を聞いて心は大変革。なんと冷たいと思うかも知れないが、心の向きを変えさえすれば、必ずたすかる！　という実に力強い言葉でもあるのだ。

先輩達は、家庭崩壊の中からたすかった。不治の病からたすかった。

それは、心に大変革が生まれたからである。「たすかりたい」という心から、「たすけたい」という心に大変革した。そこから、たすかって行ったのである。

心が安らぐ境地

天理教教典に「……湧き上る楽しさに満たされる。それは、常に、温かい親神の懐に抱かれ、人をたすけて我が身たすかる安らぎの中に身を置くからである。これが、陽気ぐらしの境地である」とある。

（第十章　陽気ぐらし　92頁）

私自身が、安らぐ境地にあるのか？　と言ったならば、残念ながらまだまだその様な境地には、なれていない。

日に一、二度くらいは、むっとしたり、イライラしたりする。

そんな時は、決まってお道の心を忘れた時である。あの高慢な癖性分の者は困ったものだとか。この人は気が利かないとか。なんで嫌なことが起きてきたのかとか。

ややこしい思いが込み上げてくる。

しかし、「陽気ぐらし」「たんのう」などと、お道の心でいる時は、かなり困ったことが起きても、ひどいことを言われても、不思議と心に引っ掛からない。

そんな中でも、「人をたすけて、我が身たすかる」という言葉は、積極性、自主性があって実に良いと思う。

話は変わるが、ほとんど全ての人間は、無意識に損か得かという思いに支配されている。得したら嬉しいし、損したら悔しい。

教祖のご在世当時、ある人が「信仰のお陰で、大切な品々を泥棒に盗まれなかったので結構でございました」とお礼を言うと、教祖は「ほしい人にもろてもろたら、もっと結構やないか」と答えられたという。

そこには、わが身思案の小さな心はなく、常識をはるかに超えた大きな心が感じられる。泥棒は奪ったものでたすかるのだし、奪われた自分はたすけた理でたすかるのだから結構ということである。

お道の心は、その場だけの損得にこだわらない、大きな心である。

そんな大らかな、心が安らぐ生き方をしたいと思う。

わが身たすかるは……欲

「人をたすけて、我が身たすかる」という考え方は欲だ。自分はたすからなくても人をたすける心が誠真実だ、と言っていた人がいた。

よくぞ、そこまで言ったものである。そこまで行けば、言うことはない。教祖のひながたの道を、そのまま行おうとしているようにも思えた。

しかし、そう言った本人は、残念ながら話ばかりが先行して、行為が付いていかないような人であった。

思いばかりが理想を追い過ぎて、足が地についていないのである。

本当の意味での「人をたすけて、我が身たすかる」という調和のとれた生き方が、わかっていないとも思えた。

お道は、苦しみの道ではない。

お道は、楽しみの道である。

お道を通れば、必ず結構に成らせて頂けるという信念こそ、明るく勇んで通れる元ではあるまいか？

自分がたすかることを、悪いことのように思うのはつまらぬことである。自分がたすかれば、教祖も喜んでくださる。

自分にもプラス、相手にもプラス。実に、調和のとれた生き方だと思う。だから、良いことをしようなどと気張らなくても、気軽に誰でもやっていける。

「人をたすけて、我が身たすかる」ということが本当にわかったら、たすかりたいという欲の深い人ほど一生懸命に人だすけに励むことになる。

こうなったら楽しみである。

欲の深い人ほど、人だすけに無我夢中になる。なんと愉快なことであろうか。

たすけて、たすかるとは？

「人たすけて、我が身たすかる」というが、それは一体どういうことなのであろうか。たすけたら、その本人から自分がたすけられるということか?

勿論、そういうことも多い。

しかし、たすけられた本人が鈍感で感謝の念もなく、恩を返そうという気にならなかったらどうか。

全くの無駄苦労であったということになる。馬鹿を見たということになる。

教会月刊の小冊子『天の理』を副題として用いたのには、そんな個別的なことではなく、もっと広い意味がある。それは、天の理そのものだと思ったからである。すなわち、四つの天の理、〈誠一つが天の理〉〈二つ一つが天の理〉〈順序一つが天の理〉〈成って来るのが天の理〉は、一つの体系になっていて、「人をたすけて、我が身たすかる」という法則そのものだからである。つまり、

人をたすける心になると、　〈誠一つが天の理〉
たすけ合いが生まれ、　〈二つ一つが天の理〉
中心のある秩序が出来て、　〈順序一つが天の理〉
陽気ぐらしがやって来る。　〈成って来るのが天の理〉

というたすかる根本原理なのである。

わかりやすくするために家庭に例えると、家庭が治まらない時は、誰でも悩み苦しむ。悩みの中で、お道の話を聞いて、人をたすける心になる。すると、夫婦、親子の二つが一つになる。みんながたすけ合うようになると、親という中心が出来る。親の言うことを良く聞く家庭は、やがて、陽気ぐらしの家庭になる、ということで

ある。

単に「人をたすけて、我が身たすかる」というと、そういうプロセスがわからない。だから、本当にどうか信じられない場合も多い。

しかし、プロセスがわかると、誠の心の大切さが一層深く感じられて、ますます実践し、みんながたすかって行くようになろう。

たすけ一条の道

私は二十九歳で報徳の会長にならせて頂いて、もう四十年余りの歳月が流れた。かなりの年月であるが、振り返れば本当に昨日のような気がする。

通った道といっても何もないが、最初の十年間ほど五畳半のトタンで囲った部屋に、家族がだんだん増えて七人で住まわせて頂いた時が、一番懐かしい。

新聞もなし。テレビもなし。おかずを買ってくることもなし。

授かり物、お下がりだけで済まさせて頂いたが、悲しいだとか、寂しいだとか、惨めだとか、そういうマイナスの気持ちを持ったことはほとんど無かった。

むしろ、毎日が楽しかった。

なかなかおたすけが上がらなかったが、お道の苦労が楽しかった。教祖のひながたにはほど遠いが、少しでも真似をさせて頂けるのが嬉しかった。

お道の苦労は、ほがらかで楽しい。

いんねんの苦労は、みじめで苦しい。

本来なら、いんねんで苦労しなければならないところを、おたすけの苦労に代えて通らせてくださったのだと思う。

たすけ一条というが、人のために尽くす時は、わが身を削らなければならない。

わが身我が家のための時間を、においがけ・おたすけに使う。

わが身我が家のためのお金を、おつくしに使う。

わが身我が家のために使う心を、人様に使う。

世間の人はわからないと思うが、その味わいは、何とも深い。心が温まって、心の底から勇んでくるような喜びなのである。

お道の上に頑張られたご婦人が、「においがけやおつくしをすると、心に力が湧いてくるのは本当に不思議ですね」と言われた言葉は、今も心に残る。

ようぼくはたすけ一条の喜びを感じられるようになったら、本物と言えよう。

お道の祈り

誰でもたすかりたいから、神様に祈る。

ところが、神様は「たすかりたいではたすからん」と断言される。

たすかりたいから祈るのに、たすかりたいでは駄目だという。

ならば、一体どうすれば良いのだろうか？

そこで、お道の「祈り」について考えてみたい。

まず、身体をお貸し頂き、生かされている事へのお礼が第一である。

次に、病気災難などが起きた時には、お願いと共に心定めが大切である。

「心定めが第一」と教えられる。どんな小さな心定めでも結構。教会参拝でも、空き缶拾いでも、人を励ます言葉でも、腹を立てないことでも、大いに結構。

その定めた心の真実を神様が受け取って、ご守護してくださるのである。

お道には、報恩感謝の基（もと）に、においがけ・おたすけ・つくし・はこびの四つの徳積みの道がある。が、結局は人をたすける実践・行動なのである。

他宗の教えの中に、「朝に教えがわかれば、夕に死んでも惜しくはない」という意味の言葉があるが、お道はわかれば良いというような信仰ではない。

実践と行動の中に、心を澄ます道がある。陽気ぐらし世界実現への道がある。

お道ではよく「三年千日を仕切って」という。要は実践なのである。

自分のことで申し訳ないが、教祖百十年祭のお打ち出しと共に、ともかく毎日においがけに歩かせて頂こうと心を定めた。そして、どうにか三年間を続けると形が出来てきた。それまで、知らない人に匂いがかかるなどということはなかった。が、有難いことにポツポツと修養科生が授かるようになってきたのである。

神様に祈るとき、どんなことでも、お願いと共に心定めが肝心。そこに、お道の祈りの意味があり、願いが叶う楽しみの道がある、と言えよう。

人をたすけて

誰でも、人をたすけるから生きていけるのだと思う。

八百屋さんは、野菜で人をたすけて生きていく。

魚屋さんは、魚で人をたすけて生きていく。

お医者さんは、病気治療で人をたすけて生きていく。

どんな職業も、人がたすかることをして自分の糧としているのである。

しかし、人がたすかることを重点としているか？

自分が儲かることを重点としているか？

ここが問題だと思う。

人をたすけることを重点とした仕事は、一般的に先が楽しみのようである。

ウォルト・ディズニーは、子供に夢の世界を与えたいと思って寝食を忘れるほど努力を重ねた。が、なかなか実現せず、あばら家のネズミを相手に考えていた。その時に浮かんだのがミッキーマウスだという。そして、世界のディズニーになった。

トヨタ自動車の創始者の父、豊田佐吉は自動織機の発明で有名であるが、母親が休む間も無く布を織る様子を見て、郷土愛と親孝行の一念で作り上げたという。その研究道中はかなり貧困が続いた。そして、親から子に続いて世界のトヨタになった。

これらは、自分の生活より人のたすかることを重点として歩んだ結果と言えよう。

反対に、自分が儲かることを重点とした仕事は、どうも先が苦労になりやすい。

バブル崩壊後は、経済界はガタガタであった。

大儲けに目がくらんだ人が、値上がり目当てで買いあさった土地が値下がりして、倒産・閉店・自己破産が続出。そのあおりを受けて絶対安全と言われた銀行まで傾いてきた。

これは、土地成金で儲けた話に踊らされた強欲の結果と言えよう。

働くとはハタハタを楽さすことである、と教えられている。

自分の本心は「働く」か？「稼ぐ」か？　よくよく考えてみたい。

我が身たすかるとは

ある時、修養科を修了したばかりの若い娘さんに、「お道をしっかり歩ませて頂いたら何でもたすかっていくから、有難いですよ」と話した。すると「お道の人はすぐたすかると言うけど、よくある新興宗教のようなことを言うから、好きでない」と、若い人らしい率直な意見が返ってきた。

飽食の時代と言われる現代の若者は、衣食に困ったなどという経験がない。

家庭の苦労もなければ、病気の苦労もなく、たすかるということが、どういうことなのか、ピンと来ないのである。

そこで、「たすかるということが、どんなことかわかる?」と聞くと、黙っていた。「心が澄んで、何でも喜べるようになったら、たすかったというのだよ」と言うと大変に感激して、そういう話なら聞きたいと言うので、一時間ほど話をして喜ばれたことがあった。

たすかると言っても、いろいろある。

ガンや心臓病などの病気がたすかる。

夫婦や親子などの家庭のゴタゴタがたすかる。

そして、心がたすかる。

人間の悩みとしてはこの三つ、すなわち身上、事情、理上(物の見方、考え方)の悩みはあると聞かせて頂くが、特に現代は世の中が複雑になったせいか理上の悩みの人が多くなった。

お道は、この理上について深みのある明快な解答をくださっている。

なるほど、なるほどと得心させて、心に明るさと勇み心を与えてたすけていく。

一れつにはやくたすけをいそぐから　せかいのこゝろもいさめかけ

と、よろづよ八首の最後にもある。

神様は、病気や家庭のゴタゴタを手紙として陽気ぐらしへ導いてくださっている。だから、本当のたすかりとは身上、事情のご守護だけではない。その悩みを通して、世の中の仕組みがわかり、何でも喜べる心になることが最終目的なのである。

共に生きる

この世の中は、弱肉強食の世の中だという。弱いものが食べられて、強いものが残っていく。そこに自然淘汰があり、優秀なものが勝ち残り、生物は進化してゆく。かの有名なダーウィンの進化論では、そんな〈競争〉の論理が目立った。最近では、もう一面の適者生存、〈共生〉の論理なるものが、脚光を浴びてきた。どういう論理かというと、環境に適したものが残るという論理。即ち、みんなの幸せに寄与するものは生き残り、たすけ合うものが繁栄するのだという。

この考え方は、地球が無限の開拓が許されていた時は見向きもされなかったが、宇宙船地球号などと言われ、地球環境の安全などが切実な問題になってくるに従って、日常的な生き方にも現れて来るようになった。

例えば、第二次世界大戦の戦勝国は、敗戦国からほとんど得るものはなかった。第三次世界大戦が始まったら、勝った国は何も得られないどころか、核兵器の応酬で地球環境は滅茶苦茶になり、自分の生存すら危なくなって来よう。

そんな中で、勝つことよりも共に生きることの大切さを考えるようになって来た。環境問題も然り。

経済発展の競争の中で、大量生産・大量消費は美徳であった。

そんな状況下で、炭酸ガスの温暖化現象、フロンガスのオゾン層破壊、緑地の砂漠化、酸性雨、異常気象など様々な異変が起こり、さらにダイオキシンなどの環境破壊の恐怖から、自然に優しい「共生」の生き方が強調されるようになってきた。

家庭問題も然り。

親子断絶、離婚、家庭内暴力、ひきこもり等すべて「競争原理」から生まれた悲劇である。だから、たすけ合う「共生原理」を早く広めなければならないと思う。

あるお道の先輩が「お道はおたすけの競争だ!」と言われたが、そんな競争こそ、今一番望まれている競争ではあるまいか。

病の根を切る

現代の驚異は、大きな世界では、最近まで夢でしかなかった宇宙へ、人間が大きく羽ばたこうとしていることである。

また、小さな世界では、人体の研究、特に遺伝子工学の研究から、ヒトゲノムの全容が解明されて、自分をより客観的に精密にわかるようになったということである。

難しいことはわからないが、ヒトゲノムの解読で、やがてどの人も、どんな病気で亡くなるかがわかるようになるという。

なんという便利な世の中に成って来たかとも思う。

そんなことがわかって、一体良いのかとも思う。

さて、お道ではいんねんの自覚が良く説かれる。

肺結核のいんねん、ガンのいんねん、脳溢血のいんねん……などと悟って、いんねんの納消の上に頑張って、無数の人がたすかってきた。そこに今のお道がある。

ねんが、将来はお医者さんも同様、大いにいんねんの悟りを説いて、誰もがいんねんの納消に真剣にならねばならぬという時が来るのではないかと思った。いんねんというと暗いから嫌だ、などともう言ってはいられない。必ずその通りに成って来るのであるから、逃げることは出来ないのである。

一体、我々は、そんな中でどうすればいいのだろうか?

神様は、

七ッ　なんじふをすくひあぐれバ
八ッ　やまひのねをきらふ
（みかぐらうた　三下り目）

と明言されている。

難渋して困っている人をたすけたら、病気の根本原因――病気の遺伝細胞――が改良されて、健康タイプになるということである。

人の細胞が解明され、それぞれの病気のパターンがわかり、自分が将来なる病気がわかって、治療技術が進んでも、最終的には心の立て替えであろう。

いんねん切りのために、おたすけの道をしっかり歩ませて頂きたいと思う。

お道は、天理教と呼ばれ、天の理を説く教えであるが、その中心は「人をたすけて、我が身たすかる」という根本法則だと思う。

どうしたら人がたすかるか？　それが最大の課題なのである。そんな事をしていたら、自分はどうなるのか？　と心配するが、その我が身思案が世の中を暗くして、遂には争いや病気の元凶となる。

わが身を振り返ってみて、どれだけ人のお役に立ったか？　本当に、情け無いほどである。ご恩になった人の方が、ずっと多いような気がする。

しかし、何かお役に立ちたいという心さえあれば、良いのではあるまいか？　出来れば、身近なところから実践させて頂きたいと思う。

自分が変われば全てが変わる
―人を責める心から、自分が変わる心へ―

順調に行っているときは、誰でも楽しい。心は弾む。が、嫌なことが起きたときは、喜べない。ムカッとする。つい人を責める。世の中を恨む。そこから、人間関係のゴタゴタや争いが始まる。やがては、身体の調子も悪くなる。

私自身、すぐ人を責める癖があった。が、人を責めても、事態は変わらない。むしろ悪くなることがわかってきた。人を責める心は実に辛い事もわかってきた。

行き詰まった中で、教えに触れて心は大きく変わった。「自分が変われば、全てが変わる」という生き方である。責める心が無くなると、不思議に、仕事も順調にスイスイ進んだ。心の中も、わだかまりが消えて爽快になった。

心の大変革の中で、ふと思った。目標は自己変革のみ。心の掃除のみ。ただただ徳積みの道を歩む。そんな中に、全ての根本的な解決が待っている、と。

心一つが我がの理

身はかりもの、心一つが我がのもの。たった一つの心より、どんな理も日々出る。どんな理も受け取る中に、自由自在という理を聞き分け。

（おさしづ　明治22・2・14）

お道の教えの真髄を述べられた一節である。

人間の自由になるのは我が心だけ。耳にたこが出来るほど聞いている教えであるが、ここがお道の教えの急所だと思う。

心一つ。自由になるものはこれ以外にはない。

身体も自由になる。子供も自由になる。妻も夫も自由になる。何もかも自由になるうちは自分のものだと錯覚している。しかし、神様のご守護がなくなった時、自由にならなくなった時、初めて自分のものでないことを知る。

入信の動機は、ほとんどが身上（病気）・事情（人間関係）からである。

にっちもさっちも行かない不治の病。特に神経系統、ガン、脳溢血、肺結核などで苦しみ抜いて、神様を頼りにたすかっていった。

デタラメな夫を持った妻。放蕩息子を持った親。嫁姑の争い。長い間の想像を絶する悩みの中から、神様を頼りにたすかっていった。

神様を頼りにというが、一体それはどういうことなのであろうか？

すべては、我が心の至らなさ、我が通ってきた道の過ちを反省してたすかっていったのである。ガンを責めず、肺結核を責めず、夫を責めず、放蕩息子を責めず、嫁姑を責めず。

相手を責めても、決して変わらない。ますますこじれる。

そんな中に、自分が変わる道があることを知った。そして、自分が変わる中に、相手が変わってきた。身体が変わってきた。少しずつ少しずつ変わってきたのである。

自分を変える徳積みの道を、黙々と歩みたいと思う。

人を責めるほど苦しいことはない

人を憎む。うらむ。

絶対許せない。いつか仕返しをしたい。

そんな時に苦しいのは、相手ではなくて本当は自分自身である。

相手に対して、どうしても許せないという思いが襲ってくると、昼間はイライラするし夜は眠れなくなる。

イライラすると、笑顔が消えてくる。人相も悪くなる。

家庭の中は暗くなるし、仕事はうまくいかなくなる。身体の具合も悪くなる。

お道の話を聞かせて頂くと、そういう嫌な人と巡り合うのも、困った人とご縁が出来るのも自分の徳一杯と知る。すると、相手へのこだわりが消えてくる。

どうしても許せないという時でも、わが身の深い反省として徳積みの道に励もうとする。だから、心に安らぎが生まれて来る。
ならば、その困った人は悪いままで放っておいて良いのか？
心配はいらない。間違った人には必ず神様がお知らせくださる。人間の反撃より
も、神様のお手入れは正確で厳しいから、全く心配はいらないと思う。
どうせ心配するならば、そういう人とご縁が出来た自分のいんねんを心配した方
が良い。自分のいんねんが悪いと、どこへ行っても悩みごとが寄ってくる。
ともかく、人を責めたら自分が損する。
いつまでも不愉快な心を引きずって、イライラするばかり。
大きな心でこだわらず、気にせず、爽やかな晴天の心で、一筋に自分の仕事に打
ち込む。そして、徳積みの道を歩みたいと思う。

心の目が開く

天理教教典の中に、「見えるまま、聞(きこ)えるままの世界に変りはなくとも、心に映る
世界が変り、今まで苦しみの世と思われたのが、ひとえに、楽しみの世と悟られて
来る。己が心が明るければ、世上も明るいのであつて、まことに、『こゝろすみきれ

ごくらくや』と教えられている所以である」とある。（第八章　道すがら　74頁）

この世は、陽気ぐらしの世なのか？

この世は、醜い争いの世なのか？

それは、世の中が問題なのではなく、見る人自身の心一つに懸かっているということである。周りを見渡してみれば、楽しく過ごしている人もあれば、泣き泣き暮らしている人もある。不思議に思われるかもしれないが、同じ世の中なのに心に映る世界がまったく違うからである。

私にとって、全てに行き詰まった二十歳の時に神殿掃除をして心が明るくなった時のことは、今も忘れることが出来ない。

それは、人は陽気ぐらしをするためにこの世に生まれて来たと知った時からである。お道の教えに感動し、汚れきった心の目が少し開かれた。

雑草一本の中にも、陽気ぐらしをさせたいという親心が感じられた。風が頰をかすめるだけで、生きている有難さが身に沁みてきた。

私の外界には、何も変わったことがなかった。が、その時以来、どんよりした曇り空の毎日が爽やかな晴天の毎日になってきた。

世の中を良くすることも勿論大切である。しかし、もっと大切なものがある。それは、自分自身の心を澄ます、ということである。どんな中でも喜んで、勇んで、明るく、元気に歩める人間になれば、この世はまさに極楽と言えよう。

大きな心に成ってくれ

「内々は皆大きな心に成れ。何が無うなっても構わん。大きな心に成ってくれ。この事を、待って〳〵待ち兼ねて居た。後は大きな事に成る」（おさしづ　明治38・12・4）と言われるが、自分の心を大きな心に変える。そこに、陽気ぐらしの道が開けてくるのではないかと思う。

子供の頃は、小さな心である。自分中心で、自分のことしか考えていない。食べれば食べっぱなし。脱げば脱ぎっぱなし。部屋の中は散らかしっぱなし。そんな時は、行動範囲もせまい。親の手だすけがなければ生きていけない。大人になると、大きな心になる。自分のことより皆の幸せを考えるようになる。家族は治まっているか。仕事は順調に行っているか。お世話になった人にご恩は返したか。自分のことなど考えている暇がない。

そんな時は、仕事も人間関係もどんどん大きく広がる。

大教会の講習会にお話に来られたT先生は、何もない単独布教から北海道で教会をお与え頂くまでになった素晴らしいお道の先輩であるが、そのお話は心に沁みるものがあった。

まだ二十歳そこそこの時に母親が亡くなるが、遺言は「世の中に気の毒な人が沢山いるから、人だすけの道を歩んで欲しい」ということであった。

そこで人だすけのために教会へ住み込み、そして、単独布教の厳しい道を歩むことになった。その道中は、自分の都合を全く捨てたも同然であった。理の親の声のままにせっかく出来た布教拠点も転々とすることもあった。

以来四十数年。広大な敷地の教会をご守護頂き、ご本部のご用、大教会のご用などで、全国を股に掛けて講演に、人だすけに多忙の毎日を送っておられた。

自分中心の小さな心を捨てる。思いきって神様中心の大きな心に飛び込む。

思いきりが肝心であるが、小さな心から大きな心への自己変革の中にこそ、八方に広がる無限の人生が生まれて来よう。

人の器

あの人は、器の大きな人だ。

あの人は、器の小さな人だ。

よく世間でも言われることである。

天の恵みの雨は皆に平等であるが、一升マスには一升の雨がたまり、一合マスには一合の雨がたまる。いくら一合のマスに一升を入れようとしても、どんなに頑張っても雨はみな下にこぼれるばかり。

徳、不徳ということを説明するのにこの話はよく使われるが、なるほど自分自身の器の大きさが大切だと思う。

さて、神様は陽気ぐらしをさせたい思い一杯でこの世を創られ、今もご守護くだされている。要は、受けるだけの器であるかどうか？　ここが問題である。

器をつくるには、空働き、無駄働きが大切という。

お道で言えばひのきしん。具体的に言えば、においがけ、おたすけ、つくし、はこびの四つの徳積みの道である。

自分の器をつくる期間。土台造り、伏せ込みの間はその成果が現れないし、目に見えない。だから、ついおろそかになりがちである。が、ここが肝心である。

ご本部の東西礼拝場の普請に、ひのきしんで参加させて頂いた時のことである。基礎工事の膨大さには、驚いた。地下は実に深かった。実に広かった。その基礎工事にかける期間も、実に長かった。いつになったら礼拝場の普請にかかるのか待ち遠しいほどであった。

今は、そこに類が無いほどの壮大な東西礼拝場が建っている。しかし、見えない基礎工事があればこそだと思わせて頂くのである。

夫が、妻が、嫁が、姑が、子供が、世の中が……困ったもんだという前に、自分の器はどうなのか?　よくよく考えてみたい。

天の恵みは無限である。

神様のお心は陽気ぐらしをさせたい思いで一杯である。

要は、自分自身の徳という器の大きさであることを忘れずに通らせて頂きたいと思う。

素直な人

「この道は、はいはいと這い上がる道」と聞かせて頂く。

どんなことでも素直に受けて通る。自分の我を出さないで、言われた通りにする。人間として、それほどバカバカしいことはないように思える。しかし、自分を捨てる中に自分が変わり、全てが大変革する元があることを知りたい。

「お道の初代はいんねんが深い。が、素直な人である」ということを聞いたことがある。なるほど、うまいことを言うなと思った。

いくらいんねんが悪くても、素直だったらたすかる。自分が変わるから、どんどんたすかるのである。

誰でも人間は、自分の考えで判断し、行動する。ところが、いんねん心・癖性分の強い人は困ったもので、考える土台自身が正常でないから、行き詰まるように、具合の悪いように考えてしまう。

アルコール癖の人は、大酒呑みがカッコイイと思っている。

ギャンブル癖の人は、大きな賭けをするのが自慢なのである。

色情いんねんの強い人は、不倫が人間の甲斐性ぐらいに思っている。気の毒なほどおかしいことに囚われているが、いんねん心・癖性分が強いと本当にそう思えてくるのだから困ったものである。

そこで、どうにもならないいんねんで行き詰まって、がんじがらめの八方塞がりの自分を見る。ここに至って、はじめて自分の考え方の誤りに気がつき、自分の生き方を捨て、信仰の道を求めてたすかって行く。

考えてみれば、自分の考えを捨てるのだから、これほど不安なことはない。しかし、根底が変わるのだから、信仰ほど大切なものはない、と言えよう。

信仰とは、自己変革の道だと思う。

「自分が変われば、全てが変わる」という信念を心に刻み、どこまでも自分を鍛え、自分を磨き、自分を変える道を歩ませて頂きたいと思う。

見るもいんねん、聞くもいんねん

お道の言葉には、自己を見つめる言葉が多い。

「見るもいんねん、聞くもいんねん。添うもいんねん」という。

自分を知るという意味で、これほどわかりやすいお言葉はないのではあるまいか。目に一番近いのに、顔を直接見た人はいない。だから、鏡を使って自分の顔を見る。

自分で支えながら自分の体重がわからない。だから、体重計を使って体重を知る。自分のことはわかりそうでわからない。一番わからない。

ならば、どうしたら自分がわかるのか？

それは、どんなことが見えてくるか？　どんなことが聞こえてくるか？　どんな人と添うことになるか？　で、自分の本当の姿を知る。

お酒の好きなお父さんには、酒屋さんの冷えたビールが目に入ってくる。洋服の好きなお母さんには、洋品店の有名ブランドが目に入ってくる。同じ商店街を歩いていても、その人その人で見るものが全然違う。

いんねんによって、目に入るもの、聞こえてくるものも違ってくるし、寄ってくる人も違ってくる。

ある不良の弟を持った兄が、ホトホト困って教会へ相談に行くと、

「それは良かったですね。その弟さんのお陰で、あなたがたすかっているのですよ」

と諭された。よく聞かせて頂くと、若死と断絶という自分のいんねんがわかった。いんねんからすると、自分が病むところを弟の世話取りで大難は小難にお連れ通り頂いていることがはっきりわかった。

偶然に弟さんの世話取りをしているのではない。世話取りをしなければならない自分自身がわかってきた。そこに、たんのうの心と徳積みの行いが生まれ、やがて兄は素晴らしい教会をご守護頂き、弟は真人間になって働くようになった。

自分というものはわかりそうでわからない。周りの状況から自分を見つめなおし、いんねんの納消を楽しみながら、周りを変えていきたいと思う。

神の道は一筋　世界の道は千筋

神の道は、地中に深く伸びた一本の根のようなものだと思う。

世界の道は、地上に枝葉を伸ばし、何千、何万種という色とりどりの花を咲かせる草花や樹木のようなものだと思う。

世界の道は、様々な草花や様々な樹木があるように、実に千種万態である。それ相応の対処の仕方がある。だから、世界の道は千筋の道という。

ところが、神の道は一筋の道である。その一筋とは一体どういう道をいうのだろうか？

家庭のごたごたが起きた。身体の具合が悪くなった。

さあ一体どうするか？　どうしたら解決の道があるのか？

このみちハどんな事やとをもうかな
せかい一れつむねのそふぢや
（おふでさき　十六―57）

と教えられている。

すべては心のほこりさえ払えば良いのである。

相手の心のほこりを払うのではなく、自分の心のほこりを払う。

病人のおたすけをさせて頂く時に、具合の悪い病人の心のほこりを払うのでなく、自分の心のほこりを払ってから、悪い箇所におさづけを取り次がせて頂く。

お道は自分が問題なのである。

自分の心のほこりを払うということ、一点に尽きる。

その中に、自分もたすかり、家族もたすかり、周囲の人もたすかり、世界中がたすかって行くのである。

お道がわからなくなったら、複雑に考えすぎていると言えよう。千変万化の相手に囚われて、肝心の自分を忘れているのである。自分に焦点が定まったら、本来の姿である一筋の道に出て、たすかって行く。

お道の者は、ただ一筋。単純にまっしぐらに歩ませて頂きたいと思う。

神様に合わせる

本部月次祭の最中に、結界内侵入者により、甘露台が引き倒されるふしがあった。

このふしを通して、真柱様（当時）は「甘露台を自分の方に引き倒すということは、自分を神様の教えに合わせるのではなく、神様の教えを自分の都合の良いように解釈して、自分勝手なお道を通ろうとする姿勢を、ご注意くださったのではないかと思う」とお諭しくださった。

なるほどと深く感じさせて頂いた。

このお道は、人間の陽気ぐらしを楽しみに、親神様が深い思いからつけてくださった。教えの一つでもしっかり胸に治めて実行すれば、誰でもたすかるように出来ているのである。

ところが、自分に都合よく自分勝手に解釈をして、自分勝手な道を歩もうとするから、残念ながらたすからなくなってしまう。

現代で蔓延している病気に、責任転嫁症候群という病気がある。

周りを見渡してみればかなり重症だと思う。特にマスコミ関係はひどい。中傷、批判、暴露記事の大流行である。相手を批判し、相手を責めることが物事の改善につながると思っているのだろうか？　売れれば良いの金儲け主義の結果なのだろうか？　神様は、

なんぎするのもこゝろから
わがみうらみであるほどに
（みかぐらうた　十下り目　七ッ）

と、教えられている。このお歌一つでも、値打ちは測り知れまい。

あっちが悪い、こっちが悪いと相手を突こうとするから、世の中がギスギスしたものになってくる。人間関係がガタガタになってくる。

健全な批判精神というならば、まず健全な自己批判能力を身につけたい。

有言不実行がやたらと多い昨今、ご神言を心に刻み、不言実行の中から実動の旬に相応しい働きをさせて頂きたいと思う。

三年千日

「継続は力なり」と言われる。繰り返すことの大切さを思う。

お道でも、何遍も同じことを繰り返すことが多い。

おつとめ、日参、おつくし、においがけ、ひのきしん。

何度も何度も繰り返す。

「三年千日、心を定めてやってみなさい。必ず運命が変わります」

こう言うことがよく話される。そして、実践する中に事実たすかって行く。

あるお道の先輩が、こんなことを言っていた。

「どんなことでも、三週間毎日繰り返すと習慣になる。一万回するとその道で超一流になる」と。

繰り返す。そして、よい習慣を身につける。朝起き、正直、働きなどの良い習慣を身につける。そして、運命を変えて行くのである。

教会では、毎朝六時から神殿掃除。その後、約三十分間駅前掃除。そして、朝食、朝のお勤め、八時四十分に大教会へ出発。九時から大教会の境内地清掃、公園、戸別訪問のにおいがけなどがあり、お昼に教会へ帰ってくる。午後は、個人的に戸別訪問のにおいがけ。夕勤め後は十二下りの練習、ミーティングである。

難しいことは何も無いが、毎日毎日繰り返す。規則正しい生活を繰り返す。

この繰り返しの中に、人生の目的を失ったり、不規則な生き方で迷っていた人が、仕事に出たり、お道のご用をして張りのある日々を送るようになる。

人間はなぜ苦しむかというと、変な癖がついてしまったからである。

その困った癖を変えるには、良いことを繰り返して習慣化していく。自分の身体に沁み込ませていくことである。

何遍も繰り返して、自分を磨いていく。自分を変えていく。癖性分を取っていく。そこにお道の大きな使命があるのだと思う。

良い習慣で自分が変われば、そこには素晴らしい運命が待っていよう。

さとす理と真の誠

おかきさげの中に、「互い扶け合いというは、これは諭す理。人を救ける心は真の誠一つの理で、救ける理が救かるという」とある。ここは、いろいろな悟りがあると思う。

一つの悟りであるが、みんなたすけ合わなければならないのですよ、と話すことは諭す理で、人に諭す時に使う。これは神様の言葉である。

自分が人をたすけるというのが真の誠で、実際に人をたすけるから自分がたすかるのである。これこそ人間の領域である。

要は、神様の話をするのは勿論大切である。が、自分が神様の思いに添って通っているか？　ここが問題である。

話し上手のたすけ下手、とよく言われる。

話はうまくとも、実際に自分が通っていないと本来のたすかる理が相手に伝わらず、なかなかたすかって頂けない。

話は下手でも、日々を神様の思いに添って通っていれば、理が伝わるから人がたすかって行く、ということである。

話は下手でも、どんどん話すことは大切だと思う。実際に通っている人の話は、短くても下手でも、心に感じるものがある。

生き神様と慕われたH先生の言葉は、今も心に残る。

「教祖は、水とおこうこで過ごされたのですよ。勿体無いことです。今の私達は有難いことです」

A布教所の親奥様の言葉も心に残る。

「この道は、おたすけに走ればたすかるのです。走り競争ですよ」

実際に教祖ひながたの道を本気で通られたH先生。おたすけに走り回っていたA布教所の親奥様の言葉は、多くの人々の生き方を変えた。

要は、自分の日々の通り方一つに懸かっているのだと思う。

尽くして求めず
―求める心から、尽くす心へ―

昔と比べると、実に豊かになった。私の子供の頃は、自動車も、テレビも、冷蔵庫も、持っている人はほんの一握り。高層ビルも、高速道路もなかった。

飽食の時代と言われる今、溢れるものに囲まれながらイライラし、なぜか満たされない思いでいる人は少なくない。なぜだろうか？

みかぐらうたに、こう歌われる。

よくにきりないどろみづや　こゝろすみきれごくらくや　（十下り目　四ッ）

欲には際限がなく泥水の争いが起きる。が、心が澄み切ると極楽になる、と。教えを聞いて心が変わる。この世は、蒔いた種通りの世界。喜びの種を蒔けば、喜びの実が稔る。その結果、求める心から尽くす心へ、心が大きく変わる。そんな心の大変革の中に、陽気ぐらしがグーンと近づいて来よう。

出せば入る

今は亡きT先生は、講演でいつも「出せば入る。絞れば授かる。出しきれば良いのだ」と元気に話されていた。

誠に、含蓄のある言葉だと思った。

狭き門の大学に入ろうとする受験生の勉強は凄い。寝る暇を惜しんで難問を解いている。知恵を絞るから、どんどん知恵がついてくる。

プロレスラーや相撲取りの練習は凄い。汗まみれ、泥まみれになりながら全身の力を振り絞っている。力を絞るから、どんどん力がついてくる。

お道のようぼくは、人だすけのご用に励む。においがけやおつくしに真実を尽くす。だから、どんどん真実の心が授かってくる。そして、自分がたすかって行く。尽くすと、無くなってしまうように思う。

だから、つい骨惜しみ、出し惜しみをしてしまう。

実際は、惜しんだら授からない。惜しんだら、本当は損なのである。

教会の月刊誌「天の理」を書く前は、毎月の会報「報徳」を書くのが精一杯であった。たった一枚の紙に原稿を書くのに、何日もかかった。一週間以上かかったこともある。それが、毎月、小冊子を出すようにならせて頂けた。

また、書いているうちに、書くことがなくなってしまうように思う。が、そうではない。書くほど書きたいことが増えてくるから不思議である。

教会では、毎日朝席と夕席をさせて頂いている。住み込みさんで、世間で働いている人は朝早く出かける。そこで、お道の話を聞いてもらわなければとの思いから、午後の八時に夕席をさせて頂くようになった。

毎日、朝も夕も話をすると、話が無くなってしまうように思う。しかし、そうではない。今まで気がつかなかったことが浮かんでくるから不思議である。

「出せば、入る」短い言葉であるが、奥は実に深いと思う。

尽くせばつきぬ

T先生と共に、お道に旋風を巻き起こしたK先生も、素晴らしい言葉を残されている。

「尽くせばつきぬ。尽くさにゃつきる」

神様や人様に尽くせば、運命はつきることはない。が、尽くすことを忘れると、徳をすり減らして、運命がつきてしまう、ということである。

面白い表現であるが、なるほど！　と思った。

K先生は、お子さんを失う寸前でご守護頂き、信仰に入られた。お道に入られる以前にも、二人のお子さんを亡くされている。そして、三番目に生まれたお子さんも「気の毒ですが、諦めてください」と医者から匙を投げられた。

悲嘆のどん底の中で、お道の教えを聞き、たすかりたい一心で、その子の大学卒業までの養育費と教育費をお供えされた。

その真実を神様は大きく受け取られたのであろう。奇蹟的にも子供はたすかり、お道の信仰に開眼されたのである。

Ｋ先生は、つくしてたすかった。その驚きと喜びの体験がある。この不思議な神様の働きをそのままに表現したのが、「尽くせばつきぬ。尽くさにゃつきる」という言葉なのだと思う。

おつくしというと、誤解されることが多い。非難されることも多い。しかし、実際に通った者は、成って来た素晴らしい体験から、「尽くせばたすかるのですよ」と自然に言葉が出てしまうのである。

どんなものでも、種も無しに、芽が出て花が咲くなどということは絶対にない。たすかりたいのならば、たすかる種を蒔くことである。

そこに、おたすけの大切さがあり、おつくしの大切さがある。

「尽くせばつきぬ。尽くさにゃつきる」

尽き果てないように、しっかり幸せの種を蒔かせて頂きたい。

明るさ　暗さ

世の中には、明るい人と、暗い人がいる。

また、明るい運命の人と、暗い運命の人がいる。

なぜ、同じ世の中に住んでいながら、明るさと暗さに分かれるのだろうか?

その原因は、太陽が上がれば明るくなるし、暮れれば暗くなるのと同じだと思う。

ああしてあげたい。こうしてあげたい。あげたい、あげたいと思う人は、太陽が上がるように、みるみる運命も明るく成ってゆく。

ああしてくれそうなもんだ。こうしてくれそうなもんだ。くれそうなもんだ、くれそうなもんだと思う人は、太陽が暮れるように、運命が暗く成ってゆく。

尽くせば、明るくなる。

求めれば、暗くなる。

だから、尽くして求めずの生き方こそ、陽気ぐらしそのものだと思う。

出せば出すほど、元気がどんどん出てくる。活力が身体中から湧いてきて、どんな悩みごとも吹き飛ばしてしまう。

反対に、求める心の強い人はつい愚痴不足が多くなる。くれそうなもんだ、くれそうなもんだ、と暮れる心で元気も無くなり、周りの雰囲気も真っ暗にしてしまう。

明るさと暗さ。これは、本人の心一つではあるまいか?

尽くした理

人のためやお道のために精一杯に尽くして、幸せになった人は沢山おられる。
しかし、中には、尽くして尽くし切って通られたのに、なかなか結構に成らない。
それどころか、喜べないようなことが次々に起きてくる。そういう人もある。
そんな場合は、どう考えたら良いのだろうか？
参考に、おさしづの一節を載せさせて頂きたい。

> 人間というは、一代と思うから頼り無い。理は末代の理。これをよう聞き分けて、しっかり治めてくれ。尽した理は、将来末代の理に受け取りてある。理消えやせん程に。理は十分の理である。これを楽しんで、一代の理に悔やしいと思うやない。これをよう聞き分け。人間というは、早い者もあれば遅い者もある。どんな者もある。これを聞き分けて心に満足せい。たんのうが第一である。これを前生いんねんのさんげと言う。
> （おさしづ　明治37・12・31）

また、こんなお言葉もある。

> この道というは、一代と思えば、尽した理は楽しみ無い。

（おさしづ補遺　明治31・3・17）

このお言葉を読んで、私は借金地獄に落ちた人のおたすけを思い出した。生活苦でどうにもならなくてつい借金したのが、だんだんと膨らんできた。そこで借金の返済計画に入ったわけである。が、借金返済に頑張る道中は、それこそ大変であった。コツコツ働いて返済ばかり。長い長い間、楽しみはない。だから、逃げてしまう人も多いが、頑張って最後まで返金し終わった。

今は、本当に幸せそうである。切り詰めた生活が身についたのか、ほのぼのとした生活の中で、貯金にも励まれているという。

子の代。孫の代。長い心で、先を楽しみに通らせて頂きたいと思う。

求める心

キュウリが欲しければ、キュウリの種を蒔けば良い。
ナスが欲しければ、ナスの種を蒔けば良い。
欲しい欲しいと求めずとも、種を蒔けば一粒万倍のご守護が待っている。
当たり前のことである。が、これが自分のことになるとわからなくなってしまうから気をつけたい。

人間は、種を蒔くことを忘れると、獣のようになってくる。

遺産相続の財産争いなどを見ていると、獣そのものに思える時がある。

自分が種を蒔いたわけではない。汗水流したのではない。なのに、あれも欲しいこれも欲しいと、欲の心が入道雲のようにムラムラ湧いてきて、血眼になる。

親の財産を、隠しているのではないか？　もっとあるはずだ。フトした思いつきが妄想になり、確信になり、執念になってくる。

そんな中で、争いは終わることが無く延々と続く。裁判、裁判で二十年、三十年と続くものもある。

挙句の果てが、財産争いの一生。振り返ってみると、何というつまらぬ人生であったかと悔やむことになる。

「徳一杯の人生。種は正直」

と耳にたこが出来るほど聞かせて頂く。

この世の中は理ぜめの世界。求めずとも、今日まで蒔いた種通り、ちょうど良いように神様が与えてくださっている。

ならば、喜びの種をしっかり蒔いて、後は神様にすべてを任せる。そんな生き方こそ一番確かな生き方ではあるまいか。

任せて通れば、気楽そのもの。争いもない。そんな、尽くして求めずの生き方をしたいものである。

幸せとは

天の与えが大きければ大きいほど、幸せは大きくなる。

求める心が小さければ小さいほど、幸せは大きくなる。

幸せというものは、天の与えと正比例であるが、求める心とは反比例の関係にあるようである。

スモン病の患者さんが、自分の願いを語った記事が載っていた。

「私に三日間の自由な日があれば、

一日目には、家の中の掃除をしたい。

二日目には、家族みんなの汚れ物の洗濯をしたい。

三日目には、家族みんなで食事に出かけたい。」

これを読んで、健康な我々はどれほど感謝しなければならないかを知らされたような気がした。

天理教教典にも「身上の患いをたすけて頂いた時、親神の守護が切実に身にしみる。病んだ日のことを思いかえし、健かな今日の日を思えば、心は言い知れぬ喜びに躍る」とある。（第八章　道すがら　76～77頁）

本当にそうである。病んだ日を思い、日々健康に通らせて頂けるだけで、どれほど喜びの心が溢れてくるだろうか。

かしもの・かりものが心に治まってくると、どんな中でも「ありがたい。申し訳ない。結構結構」という言葉が出てくる。

現代は、物が溢れるほど豊かになってきた。しかし、それ以上に強欲や貪欲が膨張して、不満感が何処にも出てきている。

求める心が大きくないか、よくよく反省してみたいと思う。

感謝の心が原動力

お道の本を読みながら、大変感動したことがあった。

それは「職業とは、ご恩報じの窓口である」というものの見方であった。

考えてみれば、着る物、食べる物、住む所、すべて他人様からご恩になっている。

だから、そのご恩を返したい。その窓口が自分の職業ということである。

仕事をする原動力は、求める心ではない。感謝の心だという。

さすが、お道の先輩の考えることは深さが違うと感動したのであった。

人には、いろいろな段階がある。

怠け者は、求めるけれども働かない。

普通の人は、求めるものがあるから働く。

真実の人は、感謝の心があるから働く。

人間はご恩の塊である。ありがたい。もったいない。そんな深い感謝の心から、たすけ一条の道をまっしぐらに歩んだ先輩は数知れない。

考えてみれば、お道を歩むそのこと自身、ご恩報じが原動力とも言えよう。

感謝の心が原動力。世間の多くの人が感謝の心が元で働くようになったら、世の中はどんなにほのぼのと明るいものになるだろうか?

お道では、いろいろなご用をするのに、「させて頂く」という。

「してやった」というと、恩着せがましい心が残る。「させて頂いた」というと、明るい爽やかな心が残る。

感謝の心があるから、自然と「させて頂く」という言葉となってくる。

感謝の心が原動力になったら、楽しみである。働くことに喜びが出てくる。喜んで頂くことが自分の喜びになる。

そんな感謝の心の人になりたいと思う。

母の思い出

元気だった母が八十七歳で出直した。

いま思うことは、こんなことになるのだったら、もっと親孝行をしておけば良かったという思い一つである。

しかし、母には、出直す一カ月前の月次祭に、偶然にも講師として来て頂いた。

そして、お話の後で、報徳の賑やかな様子を見て、「神殿も立派になって、人も大勢来て、本当にいいね」と喜んでくれた。

それだけが、私にとって少しは心の慰めになることである。

母が出直してから、大勢の方がお別れに来られた。口々に、「自分の親を亡くしたようだ。本当に寂しい。悲しい」と言ってくださった。

母は、出直す前日までおたすけに明け暮れていた。また、自分のものを買ったり、遊びに行ったりすることはほとんどなかった。

八十歳を過ぎても、ご本部神殿おたすけ掛と日本橋講々長は現役であった。そして、暇を見つけては色紙に絵を書いて、心の糧となるお道の一言を添えて大勢の人に配っていた。

自分のことは考えず、人のことばかり心配して通ったように思えるが、母は「幸せだ、有難い。嬉しい。楽しい」と口癖のように言っていた。

子は親が出直して、初めて親の生き方というものを感じとるのではないかと思う。「尽くして求めず」という。

そんな生き方こそ、本当の幸せをつかむ道であることを、身をもって教えてくれた母の生涯であったように思う。

教祖から、脈々と伝えられたお道の温もりのある生き方が、どこかで切れてはいけない。親から子へと伝えて行かなければならないと思う。

子供は、親の背中を見て育つという。

母の通った道を、子供達に、多くの人に、しっかり伝えて行かねばと思う。

節から芽が出る

―病気や争いで困った事から、幸せへの手引きへ―

病気で伏せているときは辛いものである。私は何度も尿管結石になった。あの痛さは格別である。食べたものを戻してしまうほどの激痛である。

人間関係のゴタゴタも辛い。特に、リーダーになって皆がまとまらない時は辛い。まとまらないと、派閥のようなものが出来る。反対のための反対が出てくる。

病気や人間関係のゴタゴタで悩み苦しむ。自分の力ではどうにもならない。

行き詰まった中でお道の教えに触れる。すると、心が変わる。

結石が悪いのではない。反対のための反対が悪いのではない。自分自身が問題なのだ。温かい心、思いやりの心が足りなかったのではあるまいか？　そんな苦しみの中から反省の心が生まれて、誠の人に近づいていく。

節から芽が出る喜びは、そんな心の大変革の中に生まれてくるのではあるまいか。

陽気ぐらしを楽しみに

お道では「成って来るのが天の理」と教えられる。

偶然に起こってくるものは何も無い。全ては寸分の狂い無き法則、すなわち天理によって起きてくるのである。

この世は、人間が陽気ぐらしをするのを見て共に楽しみたいという神様の深い深い思いから創造された。

今も陽気ぐらしをさせたいという思い一杯で守られている。

起きてくることは、全てが陽気ぐらし実現のため。

なんと明るい、なんと温かいものの見方であろうか。

さて、陽気ぐらしの教えをそのまま受けとめて、実践して行った先輩がいる。

K大教会初代のG先生は、どんなことでも喜びに変えて通られたので、結構Gさんと親しまれた。

が、そこから幾千、幾万の人がたすかり、なんと三十カ所に余る大教会が生まれて来たのである。

ある時、結構Gさんの家に泥棒が入った。まだ夜も明けぬ暗がりの中で、泥棒が二階から降りてきた。物音で目が覚めたGさんとパッタリ出会った。

するとGさんは、「朝早よからご苦労さん」と泥棒に言ったそうである。

なんとも、ユーモラスなエピソードではあるまいか。ちょっとしたことで目くじらを立てて、せっかくの楽しい世の中を無茶苦茶にしていることも多々ある。大いに参考にさせて頂きたい。

「節から芽が出る」という。

まずは、困った節は幸せの芽が出る前兆。そんな陽気ぐらしのものの見方。これを身に付けたい。

物の見方か？　現実か？

プラス思考。マイナス思考。

世の中には、陽気な人もいるし、陰気な人もいる。

陽気な人は、明るい顔で、身振りもなんとなく陽気である。

陰気な人は、暗い顔で、言うこともなんとなく陰気である。

陽気な人には、良くなることばかりが浮かんでくるようである。

陰気な人には、失敗することばかりが浮かんでくるようである。

さて、ここが一番肝心なところであるが、世の中はどうも心で思った通りに現実が現れてくるらしい。

こんな言葉を思い出す。

志ある者は事竟に成る　（後漢初代・光武帝）

思いがあれば、その通りに成って来るということである。

「節から芽が出る」という教えは実に明るい。が、明るいだけではない。それを信じて通れば、現実に節から芽が出てくる。やがて大きな花が咲く。

お道の先輩達は、ほとんどが節から素晴らしい芽を出した人ばかりである。

越すに越せんという事情・身上の中で心が生まれ変わり、生き方の大転換と共に、明るい人生をどんどん切り開いて行った。

「身上、事情は道の花」と言われる。

信じ難いことであるが、身上、事情があるから有難いのである。

なぜならば、その大節を通して、陽気ぐらしへの生き方を知る。以前にも増して一生懸命に働くようになり、健康になり、家庭もより明るくなった人が沢山おられるからである。

「節から芽が出る」の教えは単なる教えではなく、実践が伴う教えである。信じて、現実の苦境から大輪の花を咲かせる実践の道を歩ませて頂きたいと思う。

身上、事情は神の手引き

さて、「節から芽が出る」生き方について、その根底をさぐりながら、その意味するところをここでちょっと考えてみたいと思う。

誰でも、幸せになりたいから一生懸命に努力しているのである。

ホームレスの人に、「今までどんなふうに生きて来たの?」と聞いた。すると、上を向いて、目に一杯涙をためながら、「俺だって一生懸命に生きて来たんだ。だけど、どういう訳か行き詰まってしまったんだよ」と言っていた。

誰でも、幸せな家庭を築きたい。誰でも、自分の生涯をかけるような仕事を持ちたい。誰でも、健康な身体でいたい。

そのために、一生懸命に努力しているのである。が、気がついたら、
家庭は、親子断絶や家庭崩壊。

仕事は、リストラや倒産。

身体は、希望のない不治の病に冒されていた。

そんなことは、ざらにあることである。

なぜ、努力したのに、無惨な結果になってしまったのか？

お道では、「身上・事情は神の手引き」と聞かせて頂く。その苦難を通して、神様は何かをお知らせくだされている。忠告のお手紙をくださっているのである。

これがわかる。ここが一番肝心なところだと思う。

まずは、わが身の反省である。

世の中が悪い。政治が悪い。会社が悪い。家内が、夫が、子供が悪い……。

そんなことをいつまでも言う人に、「節から芽が出る」チャンスはない。

不運の原因は自分と知る。そこに、自己変革の道が始まる。

そんな中から「節から芽が出る」希望への扉が開かれるのである。

心定めが肝心

毎晩教会では、夕勤めの後に『天理の教えとは』という私の書いたものをみんなに読んでもらっているが、その中に、

「節から芽が出るご守護は、心定めが肝心。いんねん心のままに生きて苦境に立つ時、自分の知恵、力の限界を知り、天理に添う生き方を学ぶ。やがて、道が開けてくる」

と書いた。節から芽を出すには、もちろんお道に添った生き方が大切である。が、特に、私は心定めが肝心だと思う。

お道の話を聞く。ただ聞き流しにする。心も定めず、これといった実行もせずにいる。それでは神様も働きようがあるまい。

どんな者が頼りに成るものやない。皆々めんくの定め心が頼りや。皆どんな智者と言うても、実を違えば、ほんの頼りにならんものや。

（おさしづ　明治21・10・12）

何でも良いと思う。心に浮かんだところを実践させて頂くことである。

そのための心定めが肝心である。節から芽を出すには、最後は、自分の定めた心だけが頼りだと思う。

中臺家も、報徳も、断絶のいんねんがある。

そんないんねん自覚から、根につながる大切さを聞かせて頂き、教会へ住み込んだ翌日から大教会への日参をすることになった。

お陰様で、五人の子供は欠けずに、後継者は大教会の青年勤めを終え、十一代目で初めて親から子に繋がり、会長に就任した。

中臺家、報徳分教会、それぞれの深い断絶のいんねんを考えれば実に有難い。

これからも、定めた心を忘れずに実行させて頂きたい思う。

節ありて強し

真ん中がカラッポの竹は、節があるから強い。

天下の名刀・正宗は、何度も火にあぶられ、金槌でたたかれて、完成された。

同じように、人間も節という苦難があるから、だんだんと強く逞しくなって行くのではあるまいか。

天下の英雄、世界の叡智と言われるような人物で、子供の頃、苦労の道を通らなかった人はいるだろうか。

徳川二百七十年の開祖・家康は、人質で、親の死に目にも会えなかった。

経営の神様・松下幸之助は、身体が弱く貧乏で、学校へも行けなかった。

世界的医学者・野口英世は、手に大やけどをして馬鹿にされて育った。

お道の中でも全く同様である。

S先生は、生まれる前に父親に捨てられ、生まれてすぐに母親に捨てられた。そんな厳しい運命の中で子供時代を過ごした。その苦難の中から、幾万の理の子を育てて行かれた。

T先生は、大学在学中に結核を患い、血をはきながらなんと十五年間も死線をさまよった。その後、九十歳まで信仰誌を六百余号も書き、講演活動に大活躍をされた。

節は、自分にとっては耐え難いものである。避けたいものである。が、その節があったればこそ世に称えられるような人物になれた。それが現実ではあるまいか。

どんな節も、陽気ぐらしを望まれる神様のなさること。

心の脱皮。心の成人を思えばこその激励の手紙なのではあるまいか。

その節を通して、人間として立派になるようにとの深い深い親心から、いろいろな宿題を与えられるのである。

「節ありて強し」という。先人の通られた道を思案しながら、くじけることなく、先を楽しみに通らせて頂きたいと思う。

いかな道でも嘆くなよ

もう何年にもなるが、栃木県のある教会へお話に行かせて頂くと、私の修養科の時の同期生が来られていた。

修養科の同期生というものは、本当に懐かしいものである。

ほとんどの人が、厳しい人生の節の中から入学する。そして、温かいおぢばの雰囲気の中で、寝食を共にしながら人生を語り、将来を語る。

だから、三カ月という短い期間でも、親密さは深いものになっていく。

同期の彼は、父親の事業の失敗から大きな借財を抱え、どうしようもない節に出会い修養科へ入ってきた。

過酷な現実に直面して、よくこんなご神言を繰り返していた。

いまのみちいかなみちでもなけくなよ
さきのほんみちたのしゆでいよ
（おふでさき　三―37）

不安と絶望の中で、そのお歌が唯一の心の慰めだったのであろう。

あれから幾年月。所属の会長さんが、

「大きな負債のために、修養科入学の時は滅茶苦茶だったのです。どうにもならない状態でした。しかし、彼が地道にお父さんの借財を全部返し終わって、今は小さい会社ながら社長として頑張っています」

と話してくれた。

「さきのほんみちたのしゆでいよ」と、修養科中に何度も繰り返して口ずさんでいたご神言は、いまは現実のものとなったのである。本当に良かった。

人生には、いろいろな道中がある。

越すに越せない道中は、神様に心を向けて通らせて頂きたい。きっと、神様のお言葉に励まされて、やがて夜明けを迎えることであろう。

盲ろう者から東大教授へ

以前、盲ろう者の息子さんを東大教授にまでされた母親のお話を聞かせて頂いた。熱心なようぼくで、ハッピを着て話をされたが、テレビや新聞などでも広く報道された方である。

息子さんは、子供の頃は腕白少年であった。が、小学校に入る前に目が見えなくなり、中学の時に耳が聞こえなくなった。

そんな中で、お母様は世界で初めて指点字を発案され、子供の教育の上に尽くされた。

そして、息子さんは盲ろう者でありながら大学に入り、助教授を経て、東大教授となったのである。

よくぞ、それだけのハンディを克服して栄冠を勝ち得たと、感動で胸一杯になった。一般的には、視力障害者でも聴力障害者でも、家にひきこもりがちになってしまうという。

講演の後、先生にご挨拶に伺った時、ビデオで見た息子さんのピアノ演奏が大変上手だったので尋ねると、こんな話をされた。

「小さい頃、ピアノを習っていたからなんですよ。でも、たった五分ぐらいの演奏に何カ月もかけて練習する。そんな癖が勉強にも役だったのかもしれませんね」と。

私はその時、ちょっとしたことにも努力を惜しまない母子なのだと思った。

「節から芽が出る」と聞かせて頂く。

少々のことで、挫折したらつまらない。

目が見えず、耳が聞こえずという過酷な運命の中から、東大教授にまでなった人もいることを忘れずに通らせて頂きたいと思う。

両親の大節

両親にも大節があった。

中臺家には断絶のいんねんがある。

母は三人姉妹の長女で養子とりであるが、女ばかりしか生まれないのは断絶いんねんの少し良くなった姿だとも聞いたことがある。

さて、その断絶いんねんのためか、両親は結婚してから六年も子供が授からなかった。

そんな中で、周囲から養子をもらう話が出て来た。

今と違って、個人より家が大切にされていた当時のこと、家に親しんでもらうためにも早いほうが良いということである。

そこで、父と母は大変に悩んだ。

どうにか、自分達の子供が欲しい。後継ぎの子供が欲しい。

しかし、こればかりはどうしようもない。

そこで、神様に働いて頂く以外に道はないと悟って、一切をお供えさせて頂く決心をした。

家の前に、トラックを横付けにして、外出着一着、ねまき一枚を残して、すべてを古道具屋さんに持って行ってもらったのである。

以来、丁度一年。まさに奇蹟。待ちに待った長男・靖一兄が生まれた。

残念ながら四歳で、出直したのであるが、長兄の後に、三男二女の五人の子供が授かり、今は全員がお道のご用の上に励んでいる。

「節から芽が出る」という。

養子という話が出て土壇場での大決心。そこから太い芽が出て来た。

どこの家にもいんねんがある。だから、厳しいいんねんで悩む。そんな時は、神様に心を向けて、節から芽を出す生き方をしたいと思う。

苦難を生き節にしよう

疲弊した米沢藩を、見違えるほど豊かにした中興の祖・上杉鷹山(ようざん)は、

なせば成る　なさねば成らぬなにごとも
成らぬは人の　なさぬなりけり

と己の信念を詠んだ。

私はこの句が大好きで、時折思い出す。

鷹山は、故ジョン・F・ケネディ大統領が素晴らしい日本人として絶賛した人物であるが、米沢織や鯉の養殖などの殖産興業で、絶体絶命と思われた苦境を脱した卓越したリーダーであった。

鷹山に言わせれば、どんな苦難も必ず乗り越えられる。それは、やる気があるか、ないか。自分の心一つにかかっているのだ、ということである。

教祖は、すべての人がたすかる陽気ぐらしへの道筋をこのようにお教えくださった。

ちかみちもよくもこふまんないよふに
たゞ一すぢのほんみちにでよ
（おふでさき　五―30）

どうにもならない中で、たすかる道はただ一筋の道。すなわち、最終的には誠真実の道、徳を積む道ということであろう。

万事休す。もうダメだ。絶体絶命。そんな中でも、必ず道が開ける。人知を尽くす。あらゆる知恵・力をしぼりきる。そして、最終的にはひのきしんとたんのうの道を歩むということではあるまいか。

そこに、今まで無かった素晴らしい境地が開かれて来る。

「節から芽が出る」という。

それは、単なる形だけでなく、陽気ぐらしの心に脱皮するという面も十分あろう。

多くの我々の先輩たちが、実際に歩んできた道である。

節に出会って心が崩れそうになった時は、教祖のお言葉を思い起こし、先輩たちが通ってきた道を思い返してみたいと思う。

たんのう
―困ったときこそ、喜んで通る―

人生には、順風満帆なときがある。心は晴れ渡って、実に爽快。が、長い間には、荒波にもまれ方向を見失うときもある。家庭が治まらない。身体のあちこちが悪い。思うように行かないときは、何もかも喜べない。心が折れ曲がる。喜べないと、家庭も仕事も荒れてくる。身体もボロボロになっていく。

一体どうしたら良いのだろうか？

行き詰まった中で、お道の教えに触れて、心は大変革する。全ては神様のなさること。だから、素直に受けさせて頂こう。自分が蒔いた種ならば、喜んで受けさせて頂こう。そんな中に、不足不満の心は消えて、たんのうの心が生まれてくる。喜びの心が生まれてくる。

困ったときこそ喜んで通る。そんな心の大変革から陽気ぐらしが近づいて来る。

たんのうの湯呑み茶碗

母が生前、長兄、次兄、そして、三男の私と、男三人に一言ずつ書かれた湯呑み茶碗を作ってくれた。

長兄には、あほう。

次兄には、たんせい。

私には、たんのう。

と、書かれてあった。

長兄は、小さい頃から読書好きであった。そこで「あほう」になったのだと思う。

次兄は、信者のいない教会へ行った。そこで「たんせい」になったと思う。

それぞれが、生み育てた母の目から見たら、ここが必要と思われたのであろう。

その弱点であるポイントが、私は「たんのう」であった。

お道の心は、たんのうの心と聞かせて頂く。その一番肝心なたんのうが出来ていないということは、本当に反省しなければなるまい。

私は、小さい頃から、せっかちで、短気で、喧嘩っ早かった。小学生の時は、喧嘩して職員室に立たされたり、給食を食べさせてもらえなかったりしたものである。癖というものは、年をとってもなかなか取れない。

責任のある立場に立つ。大きなご用がある時に、腹を立てたり、不足をしていたりしたら、責任が果たせない。

どんな中でも、ニコニコと明るく、山ほどの仕事を片付けている人を見ると、さすが人間が出来ていると思う。特に最近は、陽気ぐらしの人間像として、どんな中でもたんのうの出来る人の素晴らしさ。その奥深さ、人間的な魅力を思う。

大きな心

風呂桶に、バケツ一杯の泥水を流しこんだら、その風呂は使いものにならない。ところが、太平洋の真ん中で、バケツ一杯の泥水を流しこんだらどうなるか？何の汚れもなかったように、青々と澄んだ海が広がる。

一杯の汚れたバケツの水には変わりない。器が小さいから大騒動になる。大きかったら何の変わりもないのである。

こんな言葉を聞いた。

「小さくなったら、大きく見える。大きくなったら、小さく見える」

自分の心が小さくなったら、些細なことが一大事に見えてくる。だから慌てて、不足して、考え込んでしまうのである。

自分の心が大きくなったら、ご用も小さく見える。だから、慌てずに、平常心で、スラスラと片付けられるようになる。

大きな心と小さな心。何処で分かれるのだろうか？

自分中心の人は、我が身我が家に囚われて、どうしても心が小さくなる。

神様中心の人は、みんなの幸せを考えるから、心が大きくなる。

お道の信仰でたすかると言うが、我が身我が家への心の向きが、神様へと変わって、心が大きくなるからではあるまいか。

この道は大きい心持っては大きい道に成る。小さい事に思うてはならん。小さい心持って居てはあちらからにをい、こちらからにをい、一つの邪魔になる。

（おさしづ　明治24・6・8）

日々が、喜べない。どうしても、たんのうが出来ない。そんな時は、自分の心が何処を向いているかを考えてみたい。しっかり神様に心を向けて、大きな心になって、何でもたんのうが出来る人になりたいと思う。

全人類の幸せという、壮大なスケールで陽気ぐらし世界への道を説かれた教祖に心を向けて、大きな心、たんのうの心で通らせて頂きたいと思う。

喜べない心

さて、たんのうの本来的意味について考えてみたい。

一般的に、たんのうというと「堪能する」ということで、バカンスを堪能するとか、グルメ料理を堪能したとか、好きなことを、楽しんで味わい満足するという意味だと思う。

お道では、ちょっと違う。どう違うかというと、嫌なこと、困ったこと、都合の悪いこと。そんな喜べないことを不足せずにこれで結構と喜んで通る、ということである。だから、ひらがなで「たんのう」と書く。

このお道の言う「たんのう」が大変重要だと思う。何故なら、喜べない心でいると、それが大きな不幸を引き寄せる引金になるからである。

喜べないから、争いがますますひどくなる。

喜べないから、仕事がますます行き詰まる。

喜べないから、家庭がますます崩壊する。

喜べないから、病気がますます重くなる。

ひどくなる不幸の原因を掘り下げてみると、喜べない心なのである。

誰が詠んだのか知らないが、こんな句がある。

喜べば
喜びごとが
喜んで
喜び集めて
喜びに来る

短い句であるが、意味は非常に深い。

以前、お話に行かせて頂いた教会で、この句が書かれた小さな木の額を頂いて、心温まる思いがした。

喜べない心が、不幸を大きくする。だから、喜べない中をたんのうして、陽気ぐらしへの道を切り開いて行きたいと思う。

前生いんねんのさんげ

「私ばかりが、なぜこんな目にあわなければならないのか」と、頭を抱えて悩み苦しんでいる人は、沢山おられる。

思ってもいなかった離婚や子供の暴力。職場の人間関係、リストラ、借金、倒産。神経、内分泌、内臓の病気。不治の病。

喜ぶことが大切なのは良くわかる。が、そんな悩みや苦しみの中で、一体どうやって喜びを見つけたら良いのか？

そこで、大切なのが「いんねんの自覚」である。

いんねんが本当に胸に治まったら、不思議に不足は消えてくる。そして、未来に向けての力強い歩みが始まるのである。

神様はこうおっしゃっている。

神は隔て無いで〳〵。……世界にはいかなる事も皆映してある。それ世界に映る。世界は鏡や。皆々めん〳〵心通りを身の内へ皆映る。前生の事もどうなるも、皆身の内へ映すと聞かしてある。たんのうと。いかなるもたんのうと。

（おさしづ　明治22・2・4）

以前、大教会の講習会で聞かせて頂いた話がふと浮かぶ。

父親が、金と権力にものを言わせて好き勝手な道を歩んだ。苦しんだ母親は、いんねん自覚から精一杯の徳積みに励んだ。が、いんねんは深く、子供達はヤクザになったり短命に終わった。唯一、その講師のみがいんねん自覚から道一条を歩むこととなった。が、大勢の人をたすけて、素晴らしい教会となった矢先に、教会が全焼した。

そんな苦難の中で、「いんねんを一挙に納消してやろうという神様の思いからでしょう」と勇んで通られるお姿に、いんねん自覚からのたんのうの力強さ、素晴らしさを、深く感じさせて頂いた。

前生いんねんの自覚が出来ると、たんのうの心が生まれて来る。

そんないんねん自覚とたんのうの中に、たすかって行く道が見えて来る。

どうしたらいんねん自覚ができるか

前生いんねんの自覚とさんげ。その中に、たんのうが出来て、たすかって行く。

なるほどと思う。確かにそうである。が、この最初のいんねん自覚。これがなかなか出来ない。ここが大きな問題だと思う。

ある青年が、こんなことを言っていた。

「お道は、どうも好きになれない。何でもいんねん、いんねんと言う。押さえつけられるようで窮屈だ。どうも暗くて嫌だ」と。

その親は信仰熱心で、よくこんな話をしていた。

「この道は、いんねんが切れるから有難い。他の信仰ではいんねんが切れない。人間は、何と言っても徳を積むということが大切だ」と。

親子でも、「いんねん自覚」を伝えることはなかなか難しい。

　いんねんというものは、一度に分かるやない。（おさしづ　明治21・4・14）

と教えられるが、何度も同じ苦い経験をして初めてわかって来るのである。

親や兄弟の通った道は、自分も通りやすい。これが家のいんねんである。

自分が今までに通ってきた道は、今後も繰り返す。これが自分のいんねんである。

さて、いんねんを理解するために、いんねん自覚のステップについて考えてみたい。

まず、いんねん自覚は、「なぜ自分がこんな目に！」というところから始まる。そして、自分の過去に思いを馳せる。と、同じような兆候がいろいろと見えてくる。

次に、親・兄弟に目を向けると、同じような境遇を多々見る。

次に、三代、四代前にさかのぼると、そうなってくる原因が少し見えてくる。

最後に、その原因がはっきりわかるようになると、より納得した形でいんねん自覚が深まってくるのである。

熟慮の末、いんねん自覚が出来てくる。すると、日々の厳しさが不足にならず、たんのうが出来るようになる。その「たんのう」こそが、人生の転落を食い止め、幸せへの芽を吹かせる。その幸せのためのいんねん自覚であることを知りたいと思う。

万病の特効薬・たんのう

天理教校本科の学生の頃のことである。

これから道一条になる、だから、おたすけに役立つ勉強をしたい。

そんなことから、さまざまな病気はどんな心で通ったらよいのかを知りたくて、原典『おさしづ』を、一年間くらい毎日勉強したことがあった。

調べてみると、身上（病気）についてのおさしづは読み切れないほど沢山あった。その中で気付いたことは、おさしづの末尾に「いんねんであるから、たんのうをせよ」という答えが実に多かったことである。

そして、おさしづ研究で知られる教会長さんやお道の医師からも、「どんな身上にも効くのはたんのうだ」と聞かせて頂いた。

お道では、昔から「病さとし」というものがある。それで実際に多くの人がたすかっていった。が、「身上さとし」は熱心な教会長でもなかなか難しい。病気の種類は多いし、周囲の状況もさまざまだからである。

そこで、万病に効く心として、たんのうを勧められる。

ベッドで身動きすら出来ない人もいる。不治の病で、医学的には回復の見込みなど考えられない人もいる。老齢で、弱るばかりの人もいる。

どんな人にも、喜ぶ心、たんのうの心は、心身に効果絶大である。

先日、運転しながらラジオを聞いていると、医者が答える病気相談があった。

その中で、「楽しい心になる。喜ぶ心になる。すると、ナチュラルキラー細胞が活発化して、ガン細胞さえ無くなってくる」と話していた。

誰にとっても、病気ほど嫌なものはない。ならば、喜ぶ心、たんのうの心で、ともかく健康でいられるように努力したいと思う。

事情の特効薬もたんのう

みかぐらうたの二下り目に、

九ッ　こゝろをさだめゐやうなら
十デ　ところのをさまりや

と歌われている。

お道の心、すなわちたんのうの心を定めれば、夫婦も、兄弟も、嫁姑も、職場の人間関係もすべてのところが治まってくる、ということである。

教会長になり立ての若輩の頃、夫婦や嫁姑の争いの中に入って、どうにか治めようといろいろ努力した。特に相談に来られた人の味方になって、相手をどうしたら変えられるか、意気込んで話し合いに行ったこともあった。

ところが、その結果はほとんど悲惨なものであった。こちらが忠告して責めるほど、相手は過去の不満をぶちまけて、よけい溝が深くなってしまったのである。そこで、それからは「相手を責めるより、自分が変わるほうが良い」といつも話させて頂くようになった。

自分を磨くことである。役に立つ自分になることである。そうすれば、必ず相手の見る目が変わってくる。態度も全く変わってくる。

「成って来るのが天の理」と教えられている。成るには、成るだけの理由がある。きっと自分が蒔いた種がある。だから、まずはたんのうである。そして、徳積みに頑張らせて頂きたい。

自分たんのうすれば、先はたんのう。銘々不足思えば、先の不足は何ぼとも知れん。

（おさしづ　明治30・12・30）

とも教えられる。

事情が起こった時は、とてもたんのうが出来にくい。が、そこをたんのうする。そんな中で、きっと難しい事情も治まって来るであろう。

たんのうは心一つ

たんのうの素晴らしさについて、身上、事情に関して書かせて頂いた。事情の悩みも、身上の苦しみも、みなご守護頂くのである。だから「たんのうの心」はしっかり身につけて通らせて頂きたい。

さて、たんのうは、たった一つの心が分かれ道だと思う。

家内が、小学校教師の免許を取るために、昼間は紹介されて入った衣料品店で働き、夜間の大学に通っていたことがあった。

仕事と学校の両立は、なかなか大変である。職場は住み込みで朝早くから夜遅くまで、なかなか厳しいものであった。

やめてしまいたいと何度も思った。が、紹介されて入った以上、簡単にやめるわけにもいかない。そこで、家内は死んでしまいたいほど悩んだ。

その時、紹介者の一人として責任を感じたのか、私の父は家内に一通の手紙を書いた。その内容は「心一つで通れる道。心一つで通れん道」というものであった。

心一つ。たんのう出来るかどうかは、心一つだというのである。

厳しい中をたんのうして通れとは、何とむごい言葉かと思う。しかし、反面、たんのうの心が治まれば、越すに越せない道中も、必ず越すことが出来るのだ、という温かい励ましの言葉でもあった。

その手紙をどう読んだかは、家内に未だに聞いていない。しかし、その厳しい職場を続けながら、夜間大学を卒業した。そして教職の免許を得て、無事教員採用試験にパスしたのであった。

難しい道を通るのは、能力が必要なこともある。体力が必要なこともある。しかし、現実に難しいのは、心一つが実に難しいのではあるまいか。

心一つが分かれ道。

たんのうの心で、事情も身上も越えて行きたいと思う。

たんのうは改めた心の理

「たんのうは、心一つ」と書いた。この心一つが肝心だと思う。

さて、神様はこのようにも教えられている。

日々の理を治めるなら、一つたんのうの理が無けりゃならん。たんのうは改めた心の理、……

（おさしづ　明治24・1・30）

「改めた心の理」とは、一体、どういうことなのか？

ただボーっとしていたのでは、たんのうは出来ない。ここでたんのうさせて頂かなければ、という改めた心が無ければ、たんのうは出来ないということである。

大教会で「道の後継者講習会」が開催された。

その時に、遠方から出て来られた青年が、「脳腫瘍のせいか、具合が悪くなったのでお諭しを頂きたい」と言って母親と一緒に来られた。

そこで、横になった青年にいろいろとお道の理から話させて頂いたのである。が、一緒に聞いていたお母さんが、話し終わったときにこう言われた。

「お話はよくわかりました。そのお話は、自分の心に響きました。息子より自分のことだと思います。お心使い有難うございました」と。

大変な身上を通して、さらに深い深いいんねん自覚が出来たのであろう、母と子の顔には爽やかな笑顔さえ感じられたのであった。

人生の厳しさの中で、心を腐らせて、破れかぶれになって倒れてしまう人もある。

また、精一杯の心を定めて、たんのうの道を歩んで行く者もある。

越すに越せない中にこそ、改まった心が肝心だと思う。

「人生には、上り坂もあれば、下り坂もある。まさかという坂もある。そんな時のために、お道の話は嫌というほど聞いておけ」と言われる。

すぐに改まった心などなかなか出来ないものである。ふだんからお道の話に親しんで、まさかという時に、より深いたんのうが出来るようになりたいと思う。

ひのきしん

―行き詰まったときこそ、喜びの種を蒔く―

人生は競争である。戦いである。そんな勝つか負けるかの生き方をしている人に、他人の幸せなど考えている余裕はない。自分のことで精一杯なのである。

が、実に不思議なことに、自分のことに囚われると人間関係は悪くなる。身体もおかしくなってくる。行き詰まって、お道の話を聞く。神様の話で心は大変革。自分のことより他人のことを考えるようになって、幸せになっていく。

一例を挙げると、T分教会初代は、卸しの大商人。商売は順調であった。が、主人が精神の病気になった。苦悩の中で、お道の教えを聞いた。
「何事も成ってくることは、蒔いた種がある。人の喜ぶ種を蒔きなさい」と。
以来、商売を辞めて、ひのきしん（神様へのご恩報じ・人だすけ）に励むようになった。やがて、難しい病気が鮮やかにたすかって行ったのである。

モッコ担うて

ひのきしんと言うと、子供の頃、夏のこどもおぢばがえりに炎天下で、モッコを担いだ懐かしい思い出がよみがえってくる。

山のように積まれた土を、縄で編んだモッコに、スコップで入れてもらい、百メートルくらい離れたところへ運んで行く。

「僕は、三回も運んだ」
「僕は、もう四回目だよ」

一回でも多く運んだ方が偉いような気がして、大人に褒められるのが嬉しくて、一生懸命に運んだものである。

何もわからない子供の頃は無邪気なものである。が、親達は子供に信仰を植え付けたいと、そんな様子を目を細めて楽しんでいるのであった。

当時、ひのきしんの歌も良く歌ったものである。

「欲を忘れてひのきしん、力の限りこん限り……」

実践の中で、言葉では伝わらない信仰の喜びが、子供へとつながって行く。

ひのきしんの喜びは、行って初めてわかるものであろう。

人間の喜びには、二種類の喜び方があると思う。

それは、してもらう喜び。

もう一つは、させて頂く喜び。

炎天下のモッコ担ぎは、「神様・人様に喜んで頂く喜び」を子供の頃から身に付けさせようと、親の大きな願いの中で行われているのである。

日の寄進

ひのきしんと言うと、モッコ担ぎばかり思い出される。モッコ担ぎがひのきしんのように思えてしまうが、そうではない。

「身上の患いをたすけて頂いた時、親神の守護が切実に身にしみる。病んだ日のことを思いかえし、健かな今日の日を思えば、心は言い知れぬ喜びに躍る。身上壮健に働ける幸福を、しみじみと悟れば、ひたすら親神にもたれて、思召のままにひのきしんに勇み立つ」とある。

（天理教教典　第八章　道すがら　76～77頁）

日々神様に生かされている感謝の心を、行いや態度に現わしたものがひのきしんである。病気になって初めて知る健康の有難さ、生かされている喜び。その、親神様のご守護の有難さ、感謝の心があふれ出た姿がひのきしんということである。

考えてみれば、生まれてこのかた何十年。親から受けたご恩、人から受けたご恩については案外お返ししているのである。が、目が見え、耳が聞こえ、手足が動くという神様からの大恩については、つい忘れ勝ちで、ほったらかしになっている。

この大恩がわかる。大恩に報いる。ここにお道の信仰の根本があろう。

どんな人にも、平等なのが今日一日の時間。その平等な日・時間を、生かされている自覚と感謝に基づいて寄進するのが、日(ひ)の寄進(きしん)ということである。

ひのきしんで感謝の心に

困った病気。ゴタゴタした人間関係。家庭崩壊。仕事がうまく行かない等々、みな不足の心から現れてくるのではあるまいか。

不足をすれば、不足の理が回る。喜べば、喜びの理が回る。

だから誰でも毎日を、ありがたい、結構と感謝の心で通らせて頂きたい。が、喜べない日もある。勇めない日もある。どうしたら良いのだろうか？

そんな時は、身上かしもの・かりもののご教理を思い出して、ひのきしんをさせて頂くと良い。きっと不足の心が消えて来よう。さらに、コツコツとひのきしんを続けさせて頂けば、不足の心が感謝の心に大きく変わって来よう。

本来は、心が先で、後に行いとなって現れて来る。

しかし逆に、行いが心を作るということもある。感謝の心が、ひのきしんの実践となって現れてくる。が、ひのきしんの実践が感謝の心を作るということである。

以前、家の中で悶々としている青年がいた。朝が起きられず、夜が眠れない。困った、困ったと悩んでいた。朝起きようと思ってもどうにもならず、昼夜逆転の生活をしていた。

そこで、薄暗い早朝に毎日家に行かせて頂き、一緒に駅前の清掃ひのきしんをさせて頂いた。

最初は、起きてもらうのがひと苦労であった。が、そのうちに起きて待っていてくれるようになり、十日も経つと勇んでひのきしんをするようになってくれた。

そして、その青年がこんなことをつぶやいた。

「ひのきしんは楽しいですね。本当に、人生が面白くなって来ました」と。

勇めない、喜べない日々ほど悲しいことはない。そんな時こそ、ひのきしんに励んで、喜びと感謝の日々にさせて頂きたいと思う。

よくを忘れてひのきしん

ひのきしんとは、元来神様へのご恩報じである。ひのきしんの積み重ねの中に、素晴らしいご守護も頂ける。

が、ご守護を頂こうという願いが強すぎると、なかなか喜べないし、ご守護も頂けない。

ある方が、冗談半分にこんなことを言っていた。

「お道では、おつくしの話をされるが誠に結構。しかし、ガンはどのくらいでたすかる。心臓病はどのくらい。精神の病はどのくらい。そんなハッキリとした金額のメニューがあったらやる気が出るのだけれども……」と。

なるほどと思った。

しかし、ここで考えてみたい。

神様は、お金が欲しいのではない。真実の心が欲しいのである。ご恩がわかって、ご恩を返そうとする誠の心が欲しいのである。

だから、欲を忘れてひのきしんが大切なのではあるまいか。

ある信者さんが、子供が出直し寸前の時、精一杯のおつくしをされた。

「お医者さんが諦めてくださいと言う。だから、たすからなくても結構。しかし、親が何もせず子が出直したのでは余りにかわいそうです。だから、真実だけは尽くさせて頂きます」ということであった。

不思議なことに、おつくしのひのきしんの後、ひん死の子は薄紙をはぐように回復した。医者の悲観的予想は全く外れ、すっかりご守護頂いた。

よくをわすれてひのきしん　これがだいゝちこえとなる　（十一下り目　四ッ）

と歌われているが、真実の心、ご恩報じの心でさせて頂きたい。

一言はなしはひのきしん

ひとことはなしハひのきしん　にほひばかりをかけておく　（七下り目　一ッ）

と歌わせて頂くが、一言を話す「においがけ」が大きなひのきしんなのだ、ということも忘れないでいたいと思う。

ある時、教祖にたすけられた人が、「どんなご恩報じをさせて頂いたら良いでしょうか？」と尋ねた。

すると教祖は、「たすけられたら、自分がたすかった話を人に取り次げばいいのやで。それがご恩報じになるのやで」と仰せられた。

ひのきしんの姿、形はいろいろあるが、特に強調されたものの一つが、『一言はなしはひのきしん』ということである。

自分がたすかった話を人に話させて頂く。自分の家の入信のキッカケとなったご守護の話を、自分の子供や周りの人に、もう聞き飽きたというほど話させて頂く。

これがご恩報じで、大きなひのきしんになる、ということである。

ある先生は、医者から匙を投げられた子供がたすかった話を何度もされていた。

不思議なことであるが、何度聞いても、その度に新たな感動が心に湧いて来た。自分がたすけられた話は、自分が体験したことだから、一番話しやすい。聞いた話ではないから、いつまでも忘れることが無い。だから、自分だけの喜びに留めておくのでなく、是非一言話させて頂きたい。それで、聞いた人がたすかるのである。疑い深い人でも、実際にたすかった人の言葉には耳を傾けるから、たすかって行く。

相競うてひのきしん

昔、大教会の朝の神殿掃除を始める時に、全員が一列に並び、『天理教教典』の一部を読んでからさせて頂いていたことがあった。

それは、ひのきしんについてであった。読んでいるうちに自然と勇んでくるような快い文章であった。

「日々常々、何事につけ、親神の恵を切に身に感じる時、感謝の喜びは、自(おのずか)らその態度や行為(おこない)にあらわれる。これを、ひのきしんと教えられる。……中略……。一家の陽気は隣人に及び、多くの人々は、われもわれもと相競うて、ひのきしんにはげみ、世界には、一手一つの陽気が漲（みなぎ）つてくる。かくて、親神の望まれる陽気ぐらしの世が現れる」

（天理教教典　第八章　道すがら　76～79頁）

もう五十年以上も前のことであるが、その箇所を読むたびに神殿掃除をさせて頂いた当時のことが、今も懐かしく思い返される。

読ませて頂く中で、「われもわれもと相競うて、ひのきしんにはげみ、世界には、一手一つの陽気が漲つてくる」の言葉が実に爽快であった。

「相競うて」というのだから、ひのきしんの競争である。寝る間も惜しんで、ひのきしんを競うようになる。そうなったら、実に楽しみである。陽気ぐらしへの歩みが、どんどん進んでいくことになろう。

奉仕活動とひのきしん

奉仕活動とひのきしんは、形は似ているが、その行動を支えている原理は全く違うものである。

奉仕活動を支えるのは、人に対する思いやりである。

ひのきしんを支えるのは、神に対する感謝の心である。

現実には、それらが入り混じっているのであるが、実践にあたっての力強さ、深さということになると、ひのきしんの方が格段に深いと思う。

例えば、毎朝、駅から教会までの道を、住み込みさん達と清掃のひのきしんをさせて頂いている。

ある時、近所のお店の方が「良く頑張られますね。私も半年ほど続けたんですけど、皆知らん振りなので、バカバカしくなってやめました」と言われていた。

人の良さそうなご主人であったが、人が目標（めどう）だとついそうなってしまう。

神様が目標の我々は、人が知らん振りでも関係無い。だから、何十年も勇んでやらせて頂いているのである。

また、奉仕活動は、余裕のある人が余裕の無い人をたすける場合が多い。だから、つい「してやっている」という気持ちが湧きやすい。

ひのきしんは、身体を貸してくださる神様への感謝の気持ちの現れであるから、してやったという気持ちは、とんでもないことなのである。だから、ひのきしんは必ず、「させて頂く」と言い、終わったら「有難うございました」とお礼を言って帰ってくるのである。

ひのきしんは、かしもの・かりものの教えが根底にあって、その感謝の心が元である。

考えてみれば、自分で作ったわけでもなく、買った覚えもないのに、目が見えて、耳が聞こえて、手足が動くということは、なんと有難いことかと思う。

そんな感謝の心から出る行為こそ、世の中を根底から明るく変えていく力があるのではないかと思う。

青年会ひのきしん隊

学校卒業と共に、十年余り大教会の青年会委員長をさせて頂いた。

そんな中で思い出が沢山あるが、毎年行われたおやさとふしん青年会ひのきしん一カ月隊に参加したことも、本当に懐かしい思い出である。

ふしん現場に入って、瓦を運んだり、セメントを流したり、汗をぬぐいながら慣れぬ作業をしたものである。

夕食後は修練の時間があって、雅楽の練習をしたり班内で感話があったり、若さにまかせていろいろしたように思う。

振り返ってみると、交通費も入隊費も自分で払って、元気な若い者が給料も全く頂かず一生懸命働いて、終了時には「有難うございました」とお礼を言って帰路につく。毎月二百名くらい参加していたと思う。

否、今も続けられているのであるが、この常識を超えた尽くす心こそが、お道の素晴らしさと言えよう。

入隊して何日かすると、真柱様から直々にお話を頂く。すぐ目の前で話を聞かせて頂くことなどほとんど無いので、この時ばかりは隊員は目を見開いて、感激の気持ちで聞くのが常であった。

お話の中で、「このおやさとふしん青年会ひのきしん隊は、おやさとやかたの完成のその日まで続けられるのです」とお聞かせ頂いた。

お道は、教祖の一身一家の都合を捨てた真実から始まった。その深い深い真実が、人々のひのきしんとなって、ぢばを中心として、人類目標の陽気ぐらし世界建設へとつながって行くのである。

いつ〳〵までもつちもちや　まだあるならバわしもゆこ　（十一下り目　五ッ）

とあるように、ひのきしんには際限がない。

おやさとふしん青年会ひのきしん隊は、額に汗をして今日も励んでいる。我々も、それぞれの立場で、限り無きひのきしんに頑張らせて頂きたいと思う。

病気とひのきしん

みかぐらうたに、

やむほどつらいことハない　わしもこれからひのきしん　（三下り目　八ッ）

とある。実際、悩み抜いた病気からひのきしんの心定めや行いで、たすけられた人は挙げれば切りが無い。

日本橋の初代は、「身はかりもの。精一杯ご恩報じをさせて頂きます」と心定めすると、長年悩まされた神経痛がウソのように治った。

私が世話人をさせて頂いていたU分教会の初代も、道一条の心定めで、苦しんだリュウマチをご守護頂いた。

なぜ、おつくしや道一条の心定めでご守護頂くのだろうか？　神様が働いてくださるからたすかるのであるが、その原因は、本人の心の向きが真反対に変わった。だから、鮮やかなご守護を頂いたのである。

人間は、誰でも自分が可愛い。我が家が大切なのである。それで、つい自分中心の生き方になってしまう。その小さな喜びを求める生き方に、反省を求める神様の手紙。これが「病気」なのである。

だから、今までの自分中心の生き方を変えれば良いのである。我が身我が家への執着を捨てて、人に心を配れるような大きな心になれば良いのである。

さて、一口に執着を捨てて他人に心を配るというが、これが並大抵ではない。どうなっても結構。神様が言われるのならば、やってみます。そんな大決心が必要だと思う。

だから、悩んだ病気がたすかる。

お道では、常日頃ひのきしんという。いそいそと皆ひのきしんに励んでいる。

これは、大きな大きな心の財産だと思う。

たとえ、事情や身上の中にあっても、報恩感謝で心が明るければ悩みは少ない。

ひのきしん精神が身に沁み込んだ、陽気ぐらしの人になりたいと思う。

第三章　陽気ぐらし世界への道

現代社会とお道
―表面（見える世界）の解決から、根本（心の世界）の解決へ―

現代社会は、経済至上主義、科学万能主義の中で、爆発的に豊かになった。が、人間は本当に幸せになったのだろうか？

少し大げさになるが、今、人類が抱えている見通しもない難問は山積している。

環境破壊、家庭崩壊、精神疾患の急増、世界戦争の危機……。

そんな中で「この道は、この世治める真実の道」と聞かせて頂く。

一体、お道の者としては、どう考え、どう対処していったら良いのだろうか？「たった一つの心からどんな理も出る」と説かれる。ならば、根本原因の心に目を向ける。ここに真の解決への道が開かれるのではあるまいか。

道と世間は裏腹。見える世界に囚われているうちはわからない。が、見えない心に視点を移す中に見方が変わる。そこに、解決への道が見えて来るのではあるまいか。

神の道は裏の道

世界とお道は、さまざまな面で逆さまである。そこで、思い浮かぶままに幾つか書かせて頂きたい。

まず浮かぶのは、表と裏ということである。道の先輩は、

「世界の道は表の道。表の道は見える道。見える道は通りやすい。神の道は裏の道。裏の道は心の道。心の道は通りにくい。通りにくい道を通るので結構な道に出るのやで」

と聞かせてくださる。世間とお道とは、心の置きどころが逆さまである。

人は誰でも見える世界に囚われる。華やかな見えるものを追い求めて行く。見える姿に振りまわされる。しかし、見えるものを支えているのは、実は見えないものであることを知りたい。

昔、母が大切にしていた詰所のランの花が枯れてしまった。一年後に、母屋を設計したK氏が見事に咲き返らせた。どうしてあの茶色に萎(しお)れたランが生き生きと咲いたのか？　隠れた根にしっかり肥やしを与えたからだと言う。

どんなに綺麗で高価なランでも、見えない根が弱れば枯れてしまう。

どんな壮麗な建物でも、見えない土台が腐れば倒れてしまう。

どんなに屈強な男でも、見えない心が狂えば危ない人物になる。

どんなに美人な女でも、見えない心が狂えば誰も近寄るまい。

見えるものは、見えないものに支えられて初めて素晴らしさを発揮する。

夫婦が治まらない。病気で困る。

そんな時、世間では夫婦のあり方や、困った病気に目が向く。お道では、見えない心のほこりを払う。心に徳を積む道を歩もうとする。いわゆるいんねんの切り替えである。

見える世界だけで解決できるものは、結構。しかし、どうしても解決できないものは、見えない世界へ目を向けなければ、本当の解決はあるまい。

大きな心　小さな心

大きな心は八方という。

小さな心では、にっちもさっちも行かんようになるで。

これは、教会長だった父から良く聞かされた言葉であるが、心の大きさ小ささにもお道の生き方と世間の生き方の違いが出ているように思う。

大きな心とは、自分に囚われない、みんなの幸せを願う心である。

小さな心とは、自分に囚われた、我が身我が家中心の心である。

人だすけ、世界だすけを第一に考えるお道の心は大きな心。

我が身我が家中心の世間は、どうしても小さな心に流れてしまう。

つい、お道のものでも、我が身我が家が中心になってしまうことがあるが、どちらが楽しみの道であるか、よくよく考えてみたい。

さて、小さな心の人には、この世を守護する神様が考えの中に入っていないように思える。神様は、人間の親である。親は、子供達の様子をよく見ている。自分のことばかり考えている子には、少しは周りの兄弟達のことも考えなさいよ、とお尻の一つも叩きたくなる。ところが、わが身を忘れて兄弟の世話取りをしている子には、頭をなでてお菓子の一つも上げたくなる。

これが、良きにも、悪しきにも、「成ってくる理」なのである。

お道の先輩達は、それがよくわかっていた。だから、着たつもり、食べたつもりでおつくしに励み、我が身我が家の都合を捨てて、においがけ・おたすけに奔走した。

人もたすかったが、自分も大いにたすかった。そこに、今のお道の基礎が築かれていったのである。

誰でも、つい自分を守ろうとする。我が身我が家の幸せに走ってしまう。

そんな中で、家庭のゴタゴタや病気が起こり、遂には行き詰まる。

「大きい心に成りたら……四方が八方になる」と言われる。

自分に囚われた小っぽけな心を捨てて、先の往還道を楽しんで通らせて頂きたいと思う。

あほうは神の望み

この道賢い者付けた道やない。又賢い者治まるというは、世上から治まる。この道どれだけ賢い、智者学者やと言うても治まらん。

（おさしづ　明治32・2・9）

あほうは神の望みと言われる。知者学者では本当の治まりはない。あほう真実の心で通るのが道の土台で、先が楽しみになって来よう。

さて、世間では賢くなれという。お道ではあほうになれという。

正反対であるが、一体何処がどう違うのであろうか？

アルコール依存症、ギャンブル依存症、色情いんねんなど癖の強い人のおたすけをさせて頂く中でだんだんわかってきたが、頭（知識）でいこうとする人、自分の考え方でいこうとする人は、なかなかたすからない。

あほうになってハイハイと素直な人は、案外たすかりやすい。

生半可に賢い人は、自己主張が強く、心が変わりにくいからたすからない。

あほうな人は、言い訳をせず、素直に通るから、癖性分が取れて、すんなりたすかるのである。

教会では、世間の本の持ちこみは、一切禁止。午後からの布教の時にも、図書館への立ち入りは禁止となっている。なぜならば、あほうになることがたすかる近道ということが、わかってきたからである。

お道の本は、どんどん読みなさいと言っている。お道の本は、知識を得るものでなく、読むほどに心のほこりが払えるものばかりだからである。

人間の本体は、心である。

どんな中でも、喜んで通れる明るい心。

苦労に負けず、いつも勇んだ強い心。

どんな人とも、合わせられる広い心。

あほうになって、頭はカラッポになって、そんな心の勉強をしたいと思う。

身上、事情は道の花

誰にとっても、夫婦ゲンカ、親子ゲンカなどの事情は嫌なものである。目が悪い、耳が悪い、胃腸の具合が悪いなどの身上も嫌なものである。

ところが、お道では『身上、事情は道の花』と、どちらかというと歓迎された口調で言われる。一体これはどういうことなのであろうか？　まさに逆思考であるが、ここにもお道と世間の根本的違いがある。

どうして、「道の花」などと華やかに言われるのか？　そこから素晴らしい果実が実を結ぶようになるからである。果実とは、澄んだ心、陽気ぐらしの心になるということである。

報徳の初代は、子宮癌からこのお道に入り、全快のご守護を頂き、この道を広めるために後半生を捧げて、報徳の道を切り開いた。

三日間のおさづけで、鮮やかにご守護頂いたが、その間に、元初まりの話、八つのほこりの話、十全のご守護の話、かしもの・かりものの話など、お道の話が心の中に深く沁み込んでいったことと思う。

そんな中で、心の目が開かれていった。

「人をたすけて、我が身たすかる」と聞かせて頂く。が、真実の心を定めて願ったら、死ぬところをたすかった。このお道に間違いは無い！　と。

子宮癌の身上を通して、陽気ぐらしの生き方への大転換がなされたのである。

このよふにやまいとゆうてないほどに
みのうちさハりみなしやんせよ
（おふでさき　二―23）

とある。元来、病はない。神の手引きなのである。

事情も、陽気ぐらしをさせたいがための親心。

身上も、陽気ぐらしをさせたいがための親心。

その親心を知る中に陽気ぐらしへの歩みがあり、心の成人がある。

損して徳とれ

世間は得の道を歩もうとする。お道は損の道を歩もうとする。

逆方向に歩もうとしているが、この大きな違いも是非知りたい。

ダスキンの元社長・K氏は熱心なお道の人で、『徳を積む経営』などの著者としても知られている。

そのK氏は、著書の副題として、「―損の道は損にあらず―」と書かれた。

商売は、儲けるのが仕事。その社長が「損の道は損にあらず」では、会社の発展はおろか存続も難しい。が、創業当時から大発展をさせたダスキンの立役者となれば、その意味するところを考えなければなるまい。

お道の先輩達は、損するたびに〈損して徳とれだ〉と、勇んで通った。損しても人を喜ばせる道が、結局自分が幸せになっていく道とわかっていたからである。

昔、報徳分教会の玄関正面の壁に、

「自分が変われば、全てが変わる」

と大きく横書きにした紙を貼っていた。

どんな中も、わが身を反省して、人を責めない生き方。これが陽気ぐらしの生き方だと思ったからである。これは、自分から見れば、全く損の通り方である。しかし、周囲の人から見れば、これほど有難いことはない。

周囲の人から喜ばれる人が、結局は幸せになって行くのではあるまいか？

お道の人は、人を喜ばす徳積みに一生懸命である。食べたつもり、着たつもり、遊びに行ったつもりで、自分の身を削って他人に喜んで頂く。そんな中に、だんだんと徳が身についてくる。

徳とは、自分を支える周囲の力、陰の力のことである。健康に通れるのも徳一杯。自分の積んだ徳どおり。家庭が円満であるのも徳一杯。仕事が順調にいくのも徳一杯。だから、徳積みに頑張らせて頂きたい。

人をたすけて　我が身たすかる

お道は天の理の教えで、この宇宙の根本原理を実にわかりやすく説かれたものであり、たすかる原理も教えられているが、一言で言うとしたら「人をたすけて、我が身たすかる」という基本法則だと思う。

その法則の内容についてはともかく、ここでも世間とお道では大きな違いがある。世間は、まず自分の生活を確立して、ゆとりがあれば他人の援助をしようとする。お道は、自分の生活を確立するためには、まず他人をたすけねばならない、と。ちょっとした違いのように思うかもしれないが、人間の生きざまの根底にかかわる大変革だと思う。

お道の初代は、みなどうしようもない事情や身上でこの道に入り、たすかった人達と言えよう。それは、自分を捨てて人だすけを志す中にたすかっていったのである。

病床で伏せているご婦人が、お道の人からこんな話を聞いた。

「神様は、『やむほどつらいことハない　わしもこれからひのきしん』と言われる。だから、病人のあなたは暗いうちに起きて道路掃除でもしなさい」と。

それを聞いて、天理教というのは何と冷たいことを言うのか。世間は、労わってくれるのに、天理教は最低だ！　と腹を立てた。

ところが、病気の辛さに勝てずに、だるさの中でしぶしぶ道路掃除を始めた。それからだんだんと元気になり、今は毎朝明るく道路掃除を楽しんでいるという。

これは、ある教会へお話に行かせて頂いた折に、運転をして送ってくださったご婦人から聞かせて頂いた体験談である。

お道の人は、自分が事情や身上で困っているのに、おたすけに出かける。駅前や道路の清掃ひのきしんをする。またお金に困っているのに、お供えをする。

世間から見れば信じられないことかもしれない。が、信じられない行いの中に、事情や身上がたすかっていったことも、心に留めておきたい。

心が晴れる分かれ目

夫婦や親子のゴタゴタ、困った病気が現れてくる時は、必ずと言って良いほど、大なり小なり感情のしこりがあるものである。

夫が許せない。私という立派な女房がありながら、くだらない女に手を出した。妻が許せない。文句は人一倍言うくせに、いつもテレビばかり見ている。子供が許せない。素直さがなくて、すぐキレる。

親が許せない。だらしない親のために、どれだけ苦労したことか。

嫁が、姑が、上役が、部下が……、困った事情で、アレコレ悩んでいるうちに、自分の身体の方が参ってくる。

冷静になって考えてみれば、最初に持った感情のしこりこそ、状況をますます悪くしている元ではあるまいか。

世間では、困った、相手が悪い、と思うからついイライラする。

お道では、見るもいんねん、聞くもいんねん、と自分が反省するから心は晴れる。

ここが、たすかるか、たすからないかの大きな分かれ目となるのではあるまいか？

お道では、全てが「徳一杯（自分が積んだ徳どおり）」と言う。

主人ならば、ぐうたら家内やキレる子供を、徳一杯だと思えるならばお道の優等奥さんならば、酒飲み夫やうるさい姑を、徳一杯だと思えるならばお道の優等生。

要は、喜べるか、喜べないかが問題だと思う。

しかし、生活に追われ、仕事に追われ、そんなに有難い、結構と喜んでばかりいられない。それが現実なのである。

そこで、なんだか納得しないけれども、「見るもいんねん、聞くもいんねん。添うもいんねん」との言葉を信じて、心を治めていく。

心が晴れてくれば、身上も事情もすっきりしてくる。

すっきりすれば、信仰の喜びがますます大きくなる。

見る、聞く、みなうれし、というような人になれたら最高だと思う。

永遠の目的をめざして

お道を信仰する人は、はっきりした生きる目的を持っている。陽気ぐらしである。

一般の人はそれを知らない。ここにも大きな違いがあろう。

私は二十歳の時、人間は陽気ぐらしをするためにこの世に生まれて来たということを知って、余りの感激に涙が止まらなかったことがあった。

そこで、いろいろな宗教教団の本部を訪れて、「何故、この世に人間は生まれて来たのでしょうか？」と尋ね歩いたことがあった。

私の聞いた限りでは、人間存在の原因ははっきりわからないということであった。

大なり、小なり、目的を持った人は幸せだと思う。

身体を鍛えたいと、毎日ジョギングをしている人。

料理が上手になりたいと、クッキングスクールへ通っている人。

自分の家を持ちたい。良い学校に入りたい。幸せな家庭を築きたい。

それぞれの目的に向かって生きている人は溌剌（はつらつ）としている。行く道は険しくとも、目的があるほど楽しい事は無い。

しかし、今の目的が達せられると、生き甲斐を失ってしまうことがある。

未熟な失敗談であるが、私も希望の大学に入ってから目的がなくなり、悶々とした日を過ごしたことがあった。そんな中で、人間の生まれてきた目的「陽気ぐらし」を知って、大いに勇気づけられたのである。

小さな目的も結構。しかし、出来れば大きな、永遠の目的を持ちたい。

それは、何も大きなことをするとか、人に出来ない難しいことをするという意味ではない。今の目的を通して、一体自分は何を望んでいるのか？　その深いところを究めておくということなのである。

「人間が、互いにたすけ合って陽気ぐらしをするのを見て共に楽しみたい」と思召されて神様はこの世人間を創られた。この元初まりの意味を、良く吟味しておきたいと思う。

陽気づくめ

お道では、この世は陽気づくめの世界だという。

世間では、この世は仮の世だ、苦の娑婆だなどという教えもある。

同じ世界が、どうしてこうも違うのだろうか？

心が澄めば、何もかもが、有難い！　結構！　と感じられるようになる。

心のほこりが多いと、憎い、恨み、腹立ちの心が湧いてきて、争いがやってくる。

心が澄むから、この世は、何もかもが陽気づくめの世界になる。

生まれて来たのも、新品の素晴らしい身体を貸して頂いて陽気ぐらし。

病気になるのも、心を入れ替えて陽気ぐらし。

老いるほど、生かされている感謝の心が深まって、陽気ぐらし。

死ぬ時も、古着から新品に着替えて生まれ変わってくる喜びで、陽気ぐらし。

お道の大先輩は、

　春夏秋冬　みな良き日
　　いつも晴天　うたごこち

と、大活躍しながら実に愉快に楽しく通られた。

　苦労の中　楽しみの種があるほどに
　　しんどが　実やで

と、どんな苦労も先の楽しみとして通られた。

教祖は、極貧の道中を「水を飲めば水の味がする」といそいそと通られ、監獄へ十数回も入られた中、世に初めて陽気ぐらしの教えを説かれた。

お道とは、心のほこりを取って、どんな身上の中も、どんな事情の中も、陽気に通れる、陽気づくめへの道を言うのであろう。

教祖に思う

―農婦（人間）から、陽気ぐらし世界への道標（月日の社）へ―

どのようにして陽気ぐらし世界が実現するのだろうか？

人類の歴史を振り返ると、多くの英雄が理想世界をめざした。人知をつくし、精魂を傾けてきた。が、残念ながら、相変わらず地球上のどこかで戦争がある。核戦争による人類滅亡の危機すら叫ばれている。理想世界など夢のまた夢のようである。

一体、理想世界など来るのだろうか？　無理な願いなのではあるまいか？

お道では、人類創造の目的は「陽気ぐらし世界の実現」と断言されている。そのために、創造主である親神様が教祖を社としてこの世に現れた。

教祖を『月日の社（やしろ）』と知って心は大変革。最後（だめ）の教えとして、陽気ぐらし世界への道を説かれた教祖に触れることこそ、この難問を解決する糸口なのではあるまいか。

人類の道標（みちしるべ）「教祖ひながたの道」から、解決への方途を探ってみたい。

節を超えて行こう

ある講習会の会場に行かせて頂いた時のことである。

立派な教会の玄関に、その教会の初代会長様のお言葉が、味のある墨字で書かれてあった。

節を超えて行こう
自分一人で行くんじゃない
教祖がいるじゃないか

何と温かい、何と力強い言葉かと思わせて頂いた。

身上も苦しい。事情も辛い。

そんな中で、どう通って行ったらいいのだろうか？

どう心を治めて通ったらいいのか？

その苦しみがわかるだけに、何としても励まして通りたい。節から折れずに新芽を出して通ってもらいたい。そんな温かさを感じる言葉だなあと思わせて頂いた。

講習会のビデオの中で、行列が出来るほど繁盛しているラーメン屋さんの奥さんの話も印象に残る。

「ラーメンが売れない時もありました。仕入れのお金さえ無い時もありました。一時、脳梗塞で苦しんだ時もありました。しかし、教祖がついていてくれるじゃないですか」「喜べることは誰でも喜べます。子供でも出来ます。喜べないところを喜んで通る。お道の信仰のお陰ですね。教祖が、ほめてくださっていると思って、勝手に喜んでいます」と。

いゝいゝひながたの道を通らねばひながた要らん。……ひながたの道より道が無いで。

（おさしづ　明治22・11・7）

とお聞かせ頂いている。

ひながたは、自分自身のためである。陽気ぐらし世界実現のためである。どんな中でも、喜び勇んで通らせて頂くために、誤り無き道を歩ませて頂くために、教祖を身近に通らせて頂きたいと思う。

親　心

仏教では、慈悲の心。

キリスト教では、愛。

お道では、誠真実。

どの心も、これ以上にない人間としての至上の心だと思う。

そんな中で、お道の心を「親心」と言う人もある。

教祖の御心は親心そのものであった。親になって初めて知った親心。なんと温かい、なんと大らかな心かと思う。

立教前のある日、中山家のお屋敷に米泥棒が入った。奉公人が、泥棒をつかまえて教祖の前に突き出すと、教祖は「貧に迫っての事であろう。その心が可愛想や」と、かえって労わりの言葉をかけ、後々のことを戒めた上で米を与えてこれを許された。

また、女の物乞いが垢にまみれた乳飲み子を背負い、門前で憐れみを乞うた時、お粥（かゆ）と着物を与えた上、「親には志（こころざし）をしたが、背中の子供には何もやらなんだ。さぞ腹（おなか）を空（す）かしているであろう」と、その子を抱き取って、自分の乳を含ませた。

なんと温かい、なんと大らかな心かと思う。

しかし、考えてみれば自分の息子が食べるものがなく米を取りに来たら、どんな親でも労わりの言葉を言って、米を与えて帰すのである。

嫁にいった娘が、垢に汚れた着物を着て乳飲み子を抱えて帰ってきたら、どんな親でも慌てて娘にお粥を食べさせて着物を与え、孫には温かいミルクを夢中になって用意するのである。

しかし……、親心は見ず知らずの他人にはなかなか使えない。親心を赤の他人に使えるようになったら、世の中はどんなに温かく明るく陽気になることだろうか。

教祖九十年のご生涯は、実に幼少の頃から親心で貫かれていた。

小さな人間思案を捨てて、大きな、温かい親心の人になりたいと思う。

教祖の面影

教祖を思い浮かべる時、人それぞれの思いがあると思う。

監獄に入ってさえ、看守にお菓子を買ってあげようとした限りなく温かい「親心」を思い浮かべる人もいよう。

こかん様が「お米がありません」と言うと、教祖は「水を飲めば水の味がする」とお子様達を励まして通られた「たんのうの心」を思い浮かべる人もいよう。

教祖は、限りなく広く温かい。だから、百人百様の思いがあって当然である。

そんな中で、教祖の「炎のような信念」を思う人もいると思う。

教祖は、明治十九年陰暦十二月八日にお風呂場から出る時、ふとよろめかれた。その時、「これは、世界の動くしるしや」と言われて、御身お隠しまでの約一月半にわたって神一条の信仰を説き、おつとめをつとめるように急き込まれた。

教祖五十年のひながたの道の前半二十五年は極貧の道で、後半二十五年は迫害の道であった。一口で五十年と言うが、実に長い長い年月である。その最終段階で、命をかけて人類救済の道である「おつとめ」を急き込まれた。

何という力強い道であろうか。何という筋の通った道であろうか。

『天理教教祖伝』の中に、教祖の面影として、

「教祖は、中肉中背で、やや上背がお有りになり、いつも端正な姿勢で、すらりとしたお姿に拝せられた。お顔は幾分面長で、色は白く血色もよく、鼻筋は通ってお口は小さく、誠に気高く優しく、常ににこやかな中にも、神々しく気品のある面差(おもざし)であられた」とある。

（第八章　親心　165頁）

優しさや気品と共に、人生の荒波をことごとく超えてきた風貌、全てを解決する

溢れる信念は、周りの者を限りなく魅了していたことと思う。

残念ながら、今の私達は肉眼で教祖を拝することは出来ない。しかし、ご存命の教祖がおられる。時に原典に触れて、時におぢばに帰らせて頂き、温かく力強い教祖の面影を求めて歩ませて頂きたいと思う。

ひながたに見る陽気ぐらし世界への道

教祖の九十年のご生涯を考えた時、心の成人の道、陽気ぐらし世界への道を、一つ一つ段階を追って教えられているような気がする。私観で四区分してみると、
ご誕生から立教の日までは、世間の人がわかる誠真実の道。

四十一歳からは、貧に落ちきる道で、世間の人が理解できない誠真実の道。

六十七歳からは、おつとめ完成に至る道筋、人類救済の教理を明かされた道。

お姿お隠しの日からは、おさづけの理で、人類救済のお働きを明かされた道。

尊い教祖の道すがらを、私などが区分して考える事など大変申し訳ないと思うが、陽気ぐらし世界建設への道筋として参考になるのではと思う。

四つの区分の成人段階を見ると、すでに二段階目から世間の人にはわからない段

階である。まずは、お道の者は世間の常識を超えたいと思う。

そして、おつとめをしっかり勤めて教理を胸に治め、おさづけの取り次ぎを通しておたすけの実践をさせて頂きたい。

さて、第一段階では、人に喜んで頂く実践の大切さを教えられた。掃除をしたり、水撒きをしたり、使い走りに行ったりする。素晴らしいが、それは、第一段階目の成人である。まだまだ先がある事を知らねばならない。

第二段階では、真実の行いをして笑われ謗(そし)られる道である。教祖は、施しの果て母屋まで取りこぼち、貧のどん底で村人に狐つき、狸つき、憑きものと蔑(さげす)まれた。馬鹿にされながら良いことが出来るように成ったら、第二段階目の成人と言えよう。

第三段階では、陽気ぐらしへの道筋である「おつとめ」を仕込まれた。いわゆる教理の習得である。陽気ぐらし世界へ行くには道筋がわからなければ、絶対に行けない。おつとめの大切さが芯からわかったら、第三段階目の心の成人と言えよう。

第四段階では、陽気ぐらしへの手段である「おさづけ」を仕込まれた。陽気ぐらし世界実現には日々の実践がなければならない。おさづけの大切さが心底からわかったら、最終の第四段階目の成人と言えよう。

ご幼少の頃

さて、ここで教祖が通られた道を、さらに詳しく述べてみたいと思う。

教祖は、幼少の頃から大変慈悲深く、思いやりの厚いお子であられた。泣いている子供がいると、自分が頂いて取っておいたお菓子を上げて、その子が泣きやむのを見て喜ばれた。

また、秋の忙しい農繁期などには、近所の子供達を集めて遊んであげたので、村人達は「感心なお子や」と誉めぬ者はなかったという。

もともと澄んだ魂の教祖ならではの行いと思う。

ここで思うことは、人間としての喜び方の大きな違いである。

人から大切にされたり、物を頂いて喜ぶ生き方。これは衣食住の全てにわたって与えられて育つ、子供の喜び方である。

心を尽くして、物を尽くして、人が喜ぶ姿を見て喜ぶ生き方。これは与えることの喜びを知った、親の喜び方である。

何を喜びに感じるか?

それは、全く人それぞれである。

怠け者は、ゴロゴロと怠けていることに喜びを感じる。一生懸命に働くことは、どちらかというと苦痛なのである。

働き者は、イソイソと働くことに生き甲斐と喜びを感じる。目的も無く怠けることは、どちらかというと苦痛なのである。

人がたすかること、人が喜ぶこと。そこに自分も喜びを感じる。そうなったら、人生がどんなに明るく陽気になってくるであろうか。

徳のある人には、人をたすける心が湧いてくる。

徳のない人には、愚痴と不足が湧いてくる。

要は、徳一杯。しっかり徳を積んで、人の喜びを自分の喜びと出来るような人になりたいと思う。

立教の日

天保九年十月二十六日、教祖の御年四十一歳の時にお道は啓(ひら)かれた。

立教の三大いんねんと言われる〈教祖魂のいんねん〉、〈屋敷のいんねん〉、そして約束の年限である〈旬刻限の理〉が到来してのことである。

どれ一つをとっても、なんとこのお道は広大無比な教えであるか。最後（だめ）の教えたる由縁を感じるのである。

教祖は「月日の社（やしろ）」となられ、以後五十年の長きにわたって世界たすけの道を広められた。その立教の日は、お道の〈元〉であるだけに忘れてはなるまい。

さて、その元一日の核心は何かというと、それは〈素直〉ということだと思う。先の見通しがない不安の中で、「みきを差上げます」という夫・善兵衛様の素直な言葉で、このお道が始まった。

前真柱様が、「素直」と大書してくださった額が報徳の神殿に飾ってある。素直が誠に大切だから書いてくださったのであろう。

素直でない人は、実にたすかりにくい。世界たすけの道も歩めないと思う。

極端な考え方であるが、お道は徳積み・裏の道。世間は金儲け・表の道。誰でも見える世界に引きずられる。だから、よほど素直を心に定めて通らないと、世間の欲に目がくらんで、道を失ってしまうからである。

お道の真髄は、自分を捨てるということではあるまいか。教祖も一身一家の都合を捨てて、親神様の思いに添う中に、世界たすけのお道を築いていった。

素直で無いと、それが出来ない。

受け継ぐ教会もない三男坊の私が、大学卒業の時に大教会青年に入るのに、半年間悩んだ。お道は大好きであるが、自分を捨てる難しさは今も忘れない。

以来、約四十年。報徳分教会の会長をさせて頂き、教会普請もご守護頂いた。

そんな今、素直に通ることを忘れていないか。自分を捨てることを忘れていないか。立教の元一日を思い浮かべて、確かな道を歩ませて頂きたいと思う。

貧に落ちきる

教祖五十年のひながたの道というが、実に半分の二十五年は貧に落ちきる道に費やされている。施しに専念され、ただただ貧に落ちきる道を歩まれた。

遂には村人の嘲笑を呼び、親戚知人の離反にもなった。そして、訪ねる者もなく、食べるに米のない日々を過ごされたのである。

我々お道の者は、この教祖ひながたの道を決して忘れてはなるまい。

貧に落ちきることが、何故それほど重大なのだろうか？　それは「物を施して執着を去れば、心に明るさが生まれ、心に明るさが生まれると、自ずから陽気ぐらしへの道が開ける」との教えからである。

また「この家へやって来る者に、喜ばさずには一人もかえされん」との思いから、果てしなく施しを続けられたのである。

そして、こんな事も思う。

「世界の道は表の道」と言う。世間は見える物の世界を大切にする。

「神の道は裏の道」と言う。お道は見えない心の世界を大切にする。

教祖は、陽気ぐらしへの道として、見えない世界（心のほこりを払い、徳を積む大切さ）を教えるために、二十五年をかけて貧に落ちきる道を歩まれたのではあるまいか。

信仰者のほとんどが、見える世界を求めて行き詰まり、見えない世界を求める中に、たすかっていったことを忘れてはなるまい。

貧に落ちきる道は、世間の人から嘲笑の標的となった。が、それは、実に大きな意味のあることで、いんねんを切り、徳を積むという、お道の信仰の根幹なのである。

教祖は、「心澄み切れ極楽や」と説かれた。そして極貧の中、陽気ぐらしを実践して見せてくださった。お子様達さえ連れて通りぬけてくださった。そこが我々お道の者としては、勇気付けられるところである。

ひながたを心に刻み、どんな人生の荒波も徳積み第一に超えて行きたいと思う。

おつとめの完成へ

教祖五十年の道すがらを大局的に見ると、前半は貧に落ちきる道、後半はおつとめの完成である。よくぞ真半分に分けるように歩まれたと、感じ入るばかりである。

さて、立教以来二十六年目の元治元年に、後の本席・飯降伊蔵先生の真実によって勤め場所のふしんが完成した。そして、慶応二年に〈あしきをはらうて〉、慶応三年から〈十二下り〉を教えられ、明治三年に〈ちよとはなし〉と〈よろづよ八首〉。そして明治八年に〈いちれつすますかんろだい〉。そして明治十五年に〈いちれつすまして甘露台〉に変わって、みかぐらうたが完成したのである。

教祖ひながたの道の後半は、実に十八年をかけておつとめの完成についやされた。

そして、最後の五年間は教祖が何度も監獄にご苦労くだされることになったが、それもすべて〈おつとめ〉を勤めることへの官憲の圧迫であった。

それほどまでにして完成をめざされたおつとめとは、一体何なのだろうか？

おつとめとは、親神様のお働きを頂く根本の道である。第一に、意味がわからなくとも勤めたい。が、それと共に、私は〈陽気ぐらしへの道筋〉だと思っている。陽気ぐらし世界建設には、欠かすことの出来ない道標・羅針盤であり、原動力である。だから、長い年月と十数回の監獄へのご苦労をしてまで、おつとめが完成されていったのである。

お道の信仰者は、ぜひ、おつとめの意味を知りたいと思う。

部内の月次祭でも、講社祭りでも、講習会でも、くどいほどおつとめのお話をさせて頂いている。同じことを二度、三度と聞く人も出てくるが、陽気ぐらしへの確固たる道筋を知ることが大切だと思うからである。

あしきをはらうて……誠の心になる。

地と天とをかたどりて夫婦を拵え……夫婦の仲が治まる。

いちれつすまして甘露台……甘露台を中心として陽気ぐらし世界を実現する。

よろづよと十二下り……陽気ぐらし世界への成人への道筋、ということである。

御身お隠し

明治十九年陰暦十二月八日、教祖はお風呂場でふとよろめかれた。教祖は「これは世界の動くしるしや」と宣言され、その後、約五十日間にわたって、ご自身の身上を台としておつとめを急き込まれることとなった。

おつとめを急き込まれる教祖。

官憲の圧迫を恐れる周囲の人々。

最後に「さあ〳〵月日がありてこの世界あり、世界ありてそれ〳〵あり、それ〳〵ありて身の内あり、身の内ありて律あり、律ありても心定めが第一やで」と、神と法律の順序を明かされて、おつとめを迫られた。

そして、明治二十年陰暦正月二十六日午後二時、十二下り目が終わると同時に、教祖は息を引き取られた。時に御年九十歳であられた。

さて、この御身お隠し時の事態は、何を教えておられるのだろうか?

それは、ただ一つ〈おつとめの重大性〉である。

教祖は、最後の最後に、子供可愛いゆえにご自身の命を懸けておつとめの大切さを我々の心に刻んでくださった。

教会でも、信者さんの家でも、朝夕には必ずおつとめをさせて頂く。毎日のことであるから忙しい時もある、疲れている時もある。が、それでも続けられて行く。それは、「陽気ぐらしへの道」だからである。

この道は、世界人類救済の道という。この世治める真実の道という。

その道筋こそ〈おつとめ〉なのである。

教祖のお姿は見えないけれども、おつとめを勤めれば教祖のお心が伝わってくる。そのお心は、陽気ぐらし世界の建設を願う無限に深く、温かく、力強い、この世の親の心である。だから、毎日、必ずおつとめを勤めたいと思う。

教祖ご存命の理

明治二十年陰暦正月二十六日、教祖は静かに息を引き取られた。

苦労を一身に背負い、どんな悩みも苦しみも打ち明ければ解決してくだされた教祖。実の母親のようにどんな中でも優しく温かかった教祖。その教祖が何も話されなくなった。

絶望と悲しみは、人々の悲鳴となって広がり、後はシーンとなってしわぶき一つする者もなかった。みなの頭の中が、真っ白になったからである。

御年、九十歳。当時とすれば信じられないほどの長命である。が、百十五歳定命という教祖の教えからすれば、二十五年足りない。なぜ、教祖が九十歳で……。

その直後、内倉の二階で飯降先生からおさしづがあった。

「子供可愛い故、をやの命を二十五年先の命を縮めて、今からたすけするのやで。……さあ、これまで子供にやりたいものもあった。なれども、ようやらなんだ。又々これから先だんだんに理が渡そう」と。

（おさしづ　陽暦明治20・2・18）

そして、渡されたのが「おさづけ」である。

ご存命の教祖は、おぢばでいつも我々を温かく見守っていてくださる。それと共に、おさづけを通して、今も働いてくださっているのである。

陽気ぐらし世界の建設は「つとめ」と「さづけ」によって成される。ならば、ようぼくはおさづけの重さをもっと感じたい。そして、おさづけを取り次がせて頂きたい。そして、もっともっと教祖のお働きに出会いたいと思う。

ともかく真実の心で日々を通り、おさづけを取り次ぐ。そこに、ご存命の教祖の不思議なたすけが現れる。これこそようぼくとしての最大の幸せだと思う。

我が子二人の命にかえて

人生の荒波に呑まれそうな人々に、教祖は生きる勇気を与えてくださった。それは、教祖がご苦労の中を実際に通って見せてくださったからである。「教祖が通ってくださった。こんな事で、くじけちゃいけない。教祖がついていてくださるじゃないか！」

そう思い返し、今にも崩れそうな心を奮い起こして通った人は数知れまい。

若い母親がお医者さんから「あなたのお子さんは、あと三日の命です。諦めてください。たすかっても記憶力が衰え、認知症になるでしょう」と宣告された。まさかのことに、身の毛もよだつ思いが全身を走った。

呆然とした中で、信仰熱心な実家の祖母から教祖の話を聞かされた。「教祖は、他人の子をたすけるために、我が子二人の命を捧げて神様にお願いしたんだよ。あなたは、自分の子供の病気で、一人を失おうとしているのです。教祖のことを考えてご覧なさい」と。

それを聞いて、逆流していた血がようやく落ち着いてきた。

その後、「たすかっても、たすからなくても結構。精一杯尽くさせて頂きます」と持てる限りの真実をおつくしされた。

お電話を頂いて、家内は早速おさづけに行かせて頂き、少年会の勉強会をしていた私は、家族の方や少年会員達と共に、教会でお願いづとめをさせて頂いた。

その子は、不思議にも三日たっても亡くならず、認知症にもならずに、何の後遺症も無くたすかっていった。

真実に神が働くというが、本当に不思議だと思わせて頂いた。そして、私の心には「教祖のひながたの道は、何と心強いものか」という思いを残してくれた。

母親にとって、子供は我が命に代えても守りたいものである。その子供の命が消えそうな時にも、教祖のひながたの道は、生きる勇気を与えてくださったと言えよう。

夫の身上を越えて

私の父は、四十三歳の時に心筋梗塞による心臓発作で倒れ、それ以後は病人生活が長い間続いた。倒れた当時、すぐ下の妹が生まれたばかりで、九歳の長兄を頭に五人の子供達がいた。

病人の夫と五人の小さな子供を抱えて、教会のご用を勤めなければならない母の立場、日々の生活は、それこそ大変なことだったと思う。

そんな中で、心が倒れそうになると、東京にある真柱様のお住まいに行って、何かとひのきしんをさせて頂いたそうである。

その母が、事情や身上で悩んでいる信者さんに諭す話は、ほとんど決まって教祖のひながたの話だった。

「あなた、今まで何を信仰して来たの。そんなことで不足したり、心を倒したりしてどうするの。教祖の通られた道を、よく考えてみなさい」と。

私も子供の頃に「教祖だったらどう考えるか、いつもそれを考えなさい」と言われたことがある。が、当時は全くと言っていいほどその意味はわからなかった。

今になれば、信者さんに言っていた言葉も、自分に聞かされた言葉も、そこが大切なのだと思うのである。

母は、夫の身上という節に出会い、越すに越せないという苦悩の中で、教祖のひながたの道がどれほど人に勇気を与えるものかを、感じ取ったことと思う。

教祖は、夫・善兵衛様が亡くなられた時に「これから世界の普請にかかるのや」と、母屋を取りこぼち、娘盛りのこかん様を浪速の町に神名流しに出された。それから十年、子供達と共に「水を飲めば水の味がする」という極貧の道を歩まれたのである。

何という、不幸に囚われない生き方だろうか！

何という、力強い生き方だろうか！

誰でも、越すに越せないという日が必ずあるものである。

そんな時、教祖ひながたの道を思い起こさせて頂きたいと思う。

ようぼく
―単なる信仰者から、たすけようぼくへ―

お道を信仰する。素晴らしいことである。

嫌なことを言われても、馬鹿にされても、争いを起こさない。それだけで、どれだけ世の中が明るくなるかと思う。人が喜ぶことをいそいそとする。誰に認められなくとも人のために尽くす。それだけで、どれだけ世の中が楽しくなるかと思う。それは、お道の信仰者は、それだけではならない。もっと大きな使命がある。それが、陽気ぐらし世界建設の「ようぼく」ということ。ここに、心の大変革がある。

考えてみれば、自分自身も教えを伝えられてたすかった。陽気ぐらしに近づいた。ならば、その喜びを人にも伝えさせて頂くことが大切なのではあるまいか。

陽気ぐらし世界を実現する。単なる信仰者から、たすけようぼくになる。そんな大使命を持って歩ませて頂きたいと思う。

ようぼくとは

信仰も年限を重ね、熱心になって来るにしたがって、ようぼくとしての自覚が深まってくる。そこに、お道の信仰の喜びも値打ちも出てこよう。

お道の信仰とは、ただ自分が信仰していれば良いというものではない。

陽気ぐらし世界をめざされた神様の思いに添って、おたすけをする「ようぼく」だということである。ようぼくとは、「用木」と書く。普請の用材ということである。

陽気ぐらし世界の建設に際して、わかりやすいようにと、真柱、棟梁、用木などの建築用語が使われている。陽気ぐらし世界の建設の担い手ということであるから、喜びもやり甲斐も大いにある。

さて、神様は、陽気ぐらしを楽しみにこの世人間を創られた。ならば、最初から陽気ぐらしをめざす人間だけを創れば、無駄な労力も要らず、悲惨な戦争なども無く都合が良いのではないか、と思うかもしれない。

しかし、神様の思いはそんな次元の低いものではなかった。人間はロボットではない。自由な心を与えられている。その自由な心、自発的な心で、陽気ぐらし世界をめざす。それを神様は楽しみにされているのである。

人間の浅い知恵だけではとても無理、陽気ぐらし世界は実現しない。そこで、神様の思いを人間に伝え、おぢばの甘露台を中心にこの世に陽気ぐらし世界を建設しよう、ということである。

そのために、教祖は五十年の長きにわたって、口に、筆に、ひながたに、親神様の思いを説かれ、おつとめによって陽気ぐらし世界建設への手順を示された。

ようぼくには、実に素晴らしい役割がある。陽気ぐらし世界実現という、この世の存在の真実を実現する大使命がある。そこに、お道の信仰の本来的意味があると思う。

お道の信仰の輝きは、まずようぼくの自覚から始まると言えよう。

ようぼくの自覚

私自身、いつ頃からようぼくとしての自覚が出来たのだろうか？

二十歳の頃、陽気ぐらしの教えに感激して大学の友人達に話すうちに、「おぢばへ帰らせて頂こう！」と、その中の二人に別席を運んで頂いたことがあった。

そして二十五歳の時、大学院卒業と共に修養科へ入り、道一条を志した。ようぼくの自覚があったのかというと、親兄弟すべてが道一条の中で育った。だから、そうなったということの方が大きい。そんな中で、天理教校本科に入学してお道の勉強が始まった。

そして、二十九歳の時に報徳の会長にならせて頂いた。

その時に、ようぼくとしての自覚は、さらに少し深まったように思う。

教会長として五年、十年、二十年とお道のご用をつとめ、おたすけをさせて頂くうちにだんだんとようぼくの自覚が深まった。これが真相だと思う。ようぼくの自覚は、若くても出来る。が、一歩々々進んだり戻ったりしながら、徐々に深まる。長い年月を要して、だんだん深まるもののようである。

最近は、朝起きてから夜寝るまで、ほとんどお道のことばかり考えている。どうしたら陽気ぐらし世界が実現するか? どうしたらあの困っている人がたすかるか? どうしたら教会が、たすけ道場になるか?

「信心限りなし」と言う。本当にそうだと思う。

たすけようぼくとしての道は、限りが無い。

教会長として四十年。自分なりに精一杯歩ませて頂いたつもりである。が、まだまだ学ばなければならないことが山ほどある。

この道は、年限がかかる。だから、のんびりしていたらようぼくとしてのご用などしないうちに人生が終わってしまうのではあるまいか。

日々の通り方の中に、ようぼくの心を育てたい。まず、教会へ足を運び、一言のお話をするおたすけの中に、ようぼくの栄えある大使命を自覚したいと思う。

ようぼくは、まず教理を学ぼう

信仰は、教理と実践から成り立っている。信仰するとは、教えを学んで実践することである。そこに、陽気ぐらしへの道が開かれて来る。

だから、ようぼくたるものはまず、教理を学びたい。

報徳分教会では、部内教会でも、講社祭りでも、婦人会でも、いつも「みかぐらうた」についての説明をさせて頂いている。

何故かというと、教理が肝心だからである。

お道では、「みかぐらうた」「おふでさき」「おさしづ」を三原典として挙げられている。

その中でも、最も素朴で基本的なのが「みかぐらうた」である。だから、もう何年間も毎月、「みかぐらうた」の説明をさせて頂いている。

「みかぐらうた」とは何かというと、陽気ぐらしへの道筋である。

誰でも陽気になりたい。だから、お道を信仰させて頂いている。が、いくら陽気ぐらしをしたいと願っても、陽気ぐらしへの道筋を知らなければ陽気ぐらしには到達出来まい。

信仰とは、ただ拝むことではないのである。

最近ちょっと残念に思うのは、長年信仰していても、教理がわからない。「みかぐらうた」の意味がわからない。そういう人が多いことである。

親が信仰していた。その信仰している姿を子供心に覚えている。親が一生懸命に歩んだ信仰なら自分も歩もう。そんな素直な親譲りの信仰者が多い。

もちろん、それは素晴らしいことである。

が、ややもすると形だけの信仰になる。そこには肝心な中身がない。だから、布教活動もおたすけ活動も、何処かへ行ってしまうのである。

ようぼくは、まず教理を学びたい。そして、教祖のお心に直に触れて、ようぼくの栄えある使命に邁進させて頂きたいと思う。

みかぐらうた

教祖が教えてくださった最初の原典は、「みかぐらうた」である。

朝晩のおつとめで「みかぐらうた」に親しんでいれば、困った時にお歌がフッと心に浮かぶ。その危ない岐路で、神様が丁度良いように浮かばせてくださるから有難い。

最近、特に心に浮かぶのは二下り目と、九下り目である。

二下り目は、身上・事情のご守護。悩む人に出会うたびに思うところである。

五ッ　いづれもつきくるならば

六ッ　むほんのねえをきらふ

「どんなにいんねんの深い人でも、この道にしっかりつかまったら、引っかかる心が取れて、事情・身上がたすかっていくのだよ」と教えられている。

引っかかる心、これが曲者なのである。だまされた。意地悪された。許せない。人を責めるイライラした心が治まらない。それが争いを生む。やがて、病気にもなる。引っかかる癖。この癖を取るために、しっかり神様におすがりして通らせて頂きたい。

九下り目は、最近、特に叫ばれる「布教」ということである。

一ッ　ひろいせかいをうちまわり　一せん二せんでたすけゆく

二ッ　ふじゆうなきやうにしてやらう　かみのこゝろにもたれつけ

「広い世界へわずかな路銀を頂いて、布教に歩く。神様にもたれて通れば、何も不自由はありませんよ」と歌われている。

教会でも、ようぼく家庭でも、戸別訪問に出るようになったら、どんなに陽気ぐらしに近づくかと、この箇所を歌うたびに思う。

報徳分教会では、毎日みんなで布教に歩かせて頂いている。すると、困っている人が次々に住み込んで来る。人が集まると物も集まってくる。教会内はだんだん活気が出て来る。だから、どんな中でも、布教だけは絶対に止められない。

暗くて寂しい教会。崩壊寸前の家庭。本当に気の毒である。が、困った困ったと言っていないで布教に出れば良いと思う。きっと、不自由のない明るさがやって来よう。

おふでさき

根本となる原典は、「おふでさき」である。

おふでさきは、教祖が書かれた十七号まで、千七百十一首のお歌から成っている。が、その核心は「この世の成り立ち」と「おつとめの重大さ、効用」であろう。

一つ目は、この世がどう成り立っているかである。

このよふハりいでせめたるせかいなり
なにかよろづを歌のりでせめ　（一―21）
せめるとててざしするでハないほどに
くちでもゆハんふでさきのせめ　（一―22）

二つ目は、この世の創造の話から、おつとめの重大さについてである。

このよふをはじめかけたもをなぢ事
めづらし事をしてみせるでな　（六―7）
このよふをはじめてからにないつとめ
またはじめかけたしかをさめる　（六―8）

三つ目は、おつとめの効用についてである。

このつとめせかいぢううのたすけみち
をしでもものをゆハす事なり　（四―91）
このつとめなにの事やとをもている
せかいをさめてたすけばかりを　（四―93）

かなりの分量であるから、勿論、他にもいろいろと説かれている。おふでさきは、「おつとめ」をより深く理解させてくださる根本の原典である。何度も読んで、おつとめの大切さを、より深く理解させて頂きたいと思う。

以前、半年ほどかけて朝席で「おふでさき」に沿って話をさせて頂いた。拝読して感じたことは、何としても人間をたすけたい教祖の親心に全体が貫かれている、ということである。

やはり原典に触れることが、大切である。それは、ただ意味がわかるというだけではない。教祖の深く熱い思い、その息吹を、文字を通して直に感じさせて頂けるからである。

ようぼくの人達の中に、「おふでさき」がボロボロになるほど読み返す雰囲気が出来てきたら最高である。そうなったら、教祖の思いがどんどん広まる。そして、陽気ぐらし世界の実現がより身近に成ってくるのではないか。

おさしづ

三原典の最後の一つが「おさしづ」である。

これは、教会長でも全部を読んだ人が少ないほど一見難しく、分量が多い。

大雑把に言えば、本席・飯降伊蔵先生が、教祖が御身を隠される直前から二十年間かけて説かれたもので、「刻限のさしづ」「伺いのさしづ」の二種類からなっている。

毎朝「おさしづ」に添って朝席をさせて頂いたことがあった。感じるところが多く、やはり原典が大切だと毎日感動しながら読み、話をさせて頂いた。

「おさしづ」の特徴は、教理というより、お道の者としての日々の通り方、考え方を教えてくださっている点である。教えがわかったつもりでも、つい間違えた道を歩むのが人間の常である。つい間違う。その、間違いやすいところを教えてくださっている。だから、実に有難い。

おさしづに、こんなのがあった。

大きい心を持って通れば大きい成る、小さい心を持って通れば小そうなる。

（明治21・7・7）

教祖は、世界だすけという大きな心をもってこの道を始められた。お道は、教祖の途方もないほど大きな御心から、全世界へ広まっていった。

大きくなったお道。それを、我々のちっぽけな心で小さくしてはなるまい。最近、マイホーム教会という言葉が聞かれる。住み込みさんも無し、おたすけも無し、家族だけの幸せを求める教会を見かけるようになってきた。また、名ばかりのようぼくも見かける。おたすけもせず、おさづけも取り次がず、自分の殻にこもって信仰している。そんな小さい心の信仰者がかなりいる。教会を預かっているだけでも結構。信仰しているだけでも結構。しかし、本当のお道は、もっと大きい。もっと素晴らしいものである。

我が身我が家に囚われない大きな心で、もっともっと大きく羽ばたく、全世界に輝くお道に成らせて頂きたいと思う。

なぜ、教理なのか？

今、実践の旬と言われる。なのに、なぜ今、教理なのだろうか？

教理を深く知れば、実践するなと妨害しても実践するようになるのではないか。

残念ながら、信仰者の中にも教理理解が浅い人が多いような気がする。

例えば、修養科から帰ってきたばかりの人が、こんなことを言っていた。

「天理教のことは、大体わかりました」と。

そこで、私は聞いてみた。

「それではよろづよを踊ってください」「八つのほこりを言ってみてください」と。

すると、よろづよも踊れなければ、八つのほこりも言えないのである。基本教理すら全くわかっていない。なのに、わかったというような風潮こそ問題だと思う。

お道の教えは「この世治める真実の道」と言われる。素晴らしい、他に類のない教えなのである。人間のたすかる原理を説かれた、実に深い教えなのである。

その深さを、まず我々がよく知る必要があると思う。

今、教会では夕勤め後に、十二下りの練習をさせて頂いている。まず「これが踊れなければ、幸せへの道はわからない。自分一人で踊れるように」と皆に言っている。

また、夜のミーティングでは、一人ひとりが、八つのほこり・十全のご守護の説き分けを言えるように指導させて頂いている。

昔、別席を受ける前に、八つのほこりと十全のご守護は暗記しなければならなかった。ところが今では、修養科修了者や講習修了者が「それは……、エー……」とサッパリわからないということもある。何という教理理解の低下かと思う。教理がわからなければ、お道の何たるかも、素晴らしさもわからない。お道の素晴らしさを知るために、複雑な現代社会を生き抜く力を得るために、まず正しい教理を学びたい。

実行信心の道

教理の次は、即ち実践である。お道は実行信心、証拠信心の道と教えられる。実践の中に、たすからない人達が次々とたすかっていった。教理は、やはり実践を伴わなければ意味が無い。

N先生が信仰に入りたての頃の話である。先輩がある時、「この道は、朝起き、正直、働きと言いまして……」と話し始めると、すぐに「わかりました」と答えて、立ち去ろうとした。そこで先輩が、「話はこれからですよ」と言うと、N先生は「今、聞かせて頂いたことが実行できたら、次を聞かせて頂きます」と答えられたという。

教祖は、二十五年の長き道をただただ一筋に貧に落ちきる道を歩まれた。「心澄み切れ極楽や」と説くだけではない。自ら率先して歩まれた。

教祖が、ひながたの半分を費やして、ご家族と共に極貧の道を通られた。そんな真実の教祖を慕い、大勢の人が田地田畑を手放され、家屋敷を手放された。燃えるような捨て身の真心に神が働き、奇蹟が続発した。そして、たすかっていった人が信仰初代となり、お道は全世界へと広まっていったのである。

お道は、何と言っても実践が大切だと思う。

ある時、講演の先生に「お話がお上手ですね」と褒めた人があった。するると、その先生は「話が上手とはなんだ」と急に怒り出した。先生は自分の物は一切買わずと心を定めて通っている実行第一の人である。話が上手というだけの褒め言葉が、腹立たしいほど面白くなかったのであろう。

私は、そんな人がお道に増えたら、どんなに素晴らしいかと思う。

要は、困っている人がたすかることが大切なのである。話の上手さは問題ではない。聞いた人が実践をして、たすかっていく。そんな実践をめざしたお道こそ、楽しみの道ではないかと思う。

おつとめをする

まず、信仰者ならば、必ず朝晩のおつとめを実践させて頂きたい。

おつとめをさせて頂き神様に近づけば、心は澄んで、陽気ぐらしになる。神様から遠ざかれば、心は濁って、喧嘩ぐらしや病気ぐらしになるからである。

我々の心の中は、神一条の思いと人間思案の思いが、大きくなったり小さくなったり、その間を揺れ動いているのではあるまいか。

神一条の道は、実に単純である。この世は神の懐住まい。見るもいんねん、聞くもいんねん。だから、自分が変わる道を歩もうとする。イヤなことがあっても争いがない。イライラした思いも少なくなる。

世界の道は、いろいろと複雑である。この世は人間が支配している。だから、安心が出来ない。危ない。油断が出来ない。争いは負けられない。つい眠れぬほど考えて悩みごとも多くなる。

現代は、情報が多く、複雑な世の中になってきた。そんな中で、華やかそうな世相がある反面、生きる指針を見失って自暴自棄になっている人のなんと多いことか。

単純で、誰にもわかる。そして、誰でも幸せになれる道はないものかと思う。その単純な道こそ、教祖が教えられた「おつとめ」なのである。

まず、（あしきをはらうて……）。心のほこりをはらう。

すると、（ちよとはなし……）。夫婦の仲が治まる。

最後に、（……すまして甘露台）。甘露台を中心としてこの世に陽気ぐらし世界が実現する。

これが、座り勤めの地歌の意味で、人間救済の原理ということである。

にち〳〵にはやくつとめをせきこめよ
いかなるなんもみなのがれるで
（おふでさき　十―19）

と教えられる。

陽気ぐらしを楽しみに、朝に夕にしっかりおつとめをさせて頂きたいと思う。

ひのきしんをする

毎年、四月二十九日に「全教一斉ひのきしんデー」が大々的に行われる。ご本部が、本腰を入れての取り組みである。全教の信者さんが、こぞって取り組むには、それだけの大きな意味があるからである。

ひのきしんとは、神様へのご恩返しの心が行いに現れたもの。人のために行うボランティアとは、全く違うことを第一に知りたい。

そのひのきしんの中に、甘露台を中心とした陽気ぐらし世界の実現がある。だから、その意図も格段に深いと言えよう。

我々は、ひのきしんの心と実践を、まず身に付けたいと思う。

ひのきしんは、神様へのご恩報じ。だから、周囲の人にお礼を言われようが、言われまいが、全く関係ないのである。

報徳分教会の清掃ひのきしんは、四十年続いている。毎朝、十人くらいでする。神様へのご恩返しと思うから続くのだと思う。

お道の者は、ひのきしん精神が旺盛な人でありたい。支部でも、大教会でも、ひのきしんというと「報徳さん、どうですか?」とお誘いの声をかけてくださる。出来る限り引き受けさせて頂いているが、受けるほど勇んでくる。受けるほど大勢の人がたすかる理が出来てこよう。

特に、事情・身上で悩んでいる人は、近所の清掃ひのきしんでも何でも良いから、実行して頂きたいと思う。

布教に歩こう

実践で忘れてならないのは、やはり布教だと思う。

海外までも講演活動を展開し、大活躍したある先生に「今のお道で一番大切なことは何ですか？」とお尋ねした。すると、じっと考えた末に、「においがけに歩くことですね」と言われた。

そして隣に座っていた奥様が、「主人は今、八十一歳になります。が、毎日、パンフレットを持って戸別訪問に出かけています」と話されていた。

有名になっても、老齢になっても、それでもにおいがけに歩く。

さすが全教に知られた先生は一味違う、と思わせて頂いた。

私の子供の頃、大教会では青年さんが暇を見つけては、においがけに出ていた。

父は「教会は電話当番一人でいい。皆、布教に出なさい」と、始終言っていた。

その頃のお道は、小さな教会でも布教の雰囲気が溢れていた。が、今はそんな活気が全体的にちょっと薄れてきたのではあるまいか。

報徳分教会では、午前中は全員揃ってにおいがけ。午後は、会長は講社祭りや部内教会の月次祭へ行くので、住み込みさんは個別ににおいがけに出て頂いている。

前大教会長様は、「歩こう。汗かこう。恥かこう」と言われた。親の声に添って、ただただ歩かせて頂けば良いのだと思う。

お道の者なら、誰でもお道が盛んになって欲しいと思う。陽気な世界が一日も早く訪れて欲しいと思う。ならば一日三十分でもいいから、ようぼくはにおいがけに歩かせて頂きたい。みんなが歩かせて頂くようになったら、陽気ぐらし世界が向こうからやって来よう。

子供に信仰を伝えよう

実践には、そのほかにもつくし、はこびなど、いろいろある。が、特に最近必要を感じるのは、縦の伝道である。「子供に信仰の喜びを伝えよう」ということである。ついうっかりしているところであるが、これが肝心である。

今、子供のことで悩んでいる親は実に多い。

素直でない。キレやすい。不登校。不良交友。家庭内暴力……等々。

どうしたら良いのだろうかと悩む。この子さえ立ち直れば、どんなに私は幸せなのだろうかと思う。

そこで大切なのが「子供に信仰を伝える」ということである。

今、世の中が忙しくなってきた。お母さんが働きに出ている。お父さんも忙しい。物は豊かになった。が、子供の心が育っていないのである。

学校では、頭の教育が成される。心の教育も一緒に出来れば良いが、学級崩壊、いじめ、不登校などで荒れているので難しい。

心の教育は、何と言っても教会が専門である。教会へ通って、神様のお話を何度も聞いて、心のほこりを払う中に成されるのである。

私は、五人の子供をお与え頂いている。みなそれぞれに元気に育って有難いが、心配な時期もあった。

そんな中で思ったことは、とにかく子供を神様に近づければ、必ず素直になって、だんだん良くなってくるということである。

子供が荒れている時は、子供も悩んでいる。自分の生き方がつかめず、苦しんでいるのである。だから、素直になれない。

ひどくなる前に、お道の生き方、教祖の通られた道に触れさせたい。そして、子供の心の中に、温かい、人を思いやる心を育ててもらいたいと思う。

お道の信仰者は、陽気ぐらし世界建設のための「ようぼく」である。

ここに、お道の信仰者としての、何とも言えぬ香りを感じるのである。

教祖四十年祭当時、お道は破竹の勢いで広まっていった。その中核となったのが天理教校別科の修了者である。わが身を捨て続々と単独布教に旅立って行った。

当時、誰もが単独布教に憧れていた。衣食住は何も無くとも、神にもたれる心は喜びに満ちていた。お互いに励まし合い、お道の発展を何よりも願っていた。

古老の先生が懐かしそうに、嬉しそうに当時を語るのを何度も聞いた。そこには、ようぼくの使命が燃え上がっていたのである。

お道の者は単なる信仰者ではない。ようぼくなのである。そんな雰囲気が広まっていったらどんなに楽しみだろうか。

まず自分から、遠大なるようぼくの使命を遂行したいと思う。

あとがき

信仰で、心がガラッと変わる

私は夜が苦手である。その分、朝が得意である。大体、毎日午前三時半に起きる。六時に教会の神殿掃除が始まるが、それまでの二時間半が、一日の内で一番楽しみな時間である。手紙を書いたり、事務的なこともするが、この本の元にもなった月刊の小冊子「天の理」を書いている。その原稿の一部をまとめたのが本著である。「天の理」は、教会の信者さん向けに、お道の基本教理などについて、やさしく、理解してもらいたいとの思いから書いたものである。分量が増えて、一段落したとき、本にまとめてみたいという気になった。本にはテーマがなければならない。そこで、伝えたいことは何なのか？　何度も何度も読み返してみた。そこから見えてきたのは、お道と世間では、考え方、生き方が全く違うということである。

この逆さまの違いがわかる。そんな中に、世間に流されない確固たる信仰が生まれ、人にもお道を伝えられるようになると思ったのである。

何度も書いたが、私自身、二十歳で行き詰まって、神殿掃除をした。そして、お道の素晴らしさを知ったときの感激は、今も忘れることが出来ない。

心の中が、ガラッと変わった。それからは毎日が楽しくて、勇んで、信じられないほど喜び溢れる生活となった。心がガラッと変わる。私の体験からすると、実践を通して変わるのだと思う。が、「実行したらわかる。やってみればわかる」では余りにも不親切である。どうしたらお道をわかってもらえるのか。少しでも理解してもらえるようにと、まとめさせて頂いた。

考えてみれば、人間の心というものは、実に不思議なものである。腹立ちのほこりの多い人は、腹を立てるのが得だと思っている。をしいのほこりの強い人は、出し惜しんだり、骨惜しみをするのが得だと思っている。大酒飲みは、大酒を呑むのが格好いいと思っている。その心を変える。その癖・性分を変える。そして、家庭円満、商売繁盛、身体健康へと、陽気ぐらしの日々になるように変えていくのが、お道の信仰ではあるまいか。

あたたかい心が幸せの元

心を変えるというが、どんな心に変えるのが幸せに結びつくのか？

本書の中でも書いたが、お道を全く知らない人にも、お道をどうにか一言でわかりやすく、ということで考えた末に浮かんできたのが「あたたかい心」である。

お道では「喜ぶ心」が大切だと言われる。本当にそうだと思う。が、それと共に、「人を喜ばすこと」「人をたすける心」が大切だと思う。そんなことから「あたたかい心」としたのである。あたたかい心の実践から、喜ぼうとせずとも、喜び心が湧いてくるようになったら最高だと思う。

おたすけを通して、親子断絶、家庭崩壊などの言葉が身近な問題として感じるようになった。悲惨な事情に遭って、当事者の心の中を思うと、どんなだろうかと胸が痛む。幸せの土台である家庭が争いの場であったら、とても幸せとは言えまい。

あたたかい心、誠の心になるから、互いにたすけ合う陽気ぐらしの家庭になる。社会になる。そして、陽気ぐらし世界がやってくる。

おかきさげに「誠の心と言えば、一寸には弱いように皆思うなれど、誠より堅き長きものは無い」とある。あたたかい心も同様、一寸には弱いように思えるかもしれない。が、これほど人が生きる上で長く確かなものはないのではあるまいか。

ようぼくになろう

現在は、天にそびえるような巨大ビルが乱立している。高速道路が日本中を縦横無尽に走っている。子供達は高価なテレビゲームを楽しんでいる。

目に見える世界は、想像を遙かに越えて豊かになった。

が、その反面、目に見えない世界、心はどうだろうか？　家庭崩壊、親子断絶、ギャンブル、アルコール依存、ひきこもり、幼児虐待、精神疾患の急増、孤独死……挙げればきりがないほど、心の問題から起きる異常事態が増え続けている。

私は、教会長在職の四十年間に、七百人くらいの住み込みさんのお世話をさせて頂いた。ほとんど、都内の公園から教会に入ってきた人達である。無縁社会という言葉が、他人事として聞けない今の社会である。

ある男性は、教会に住み込んできたとき、こう言った。

「会長さん、生きるのも難しいけど、死ぬのも難しいですよ」と。

聞いてみると、彼は商売が破綻し、離婚した。そんな中で、焼酎を飲んで多摩川に飛び込んで死のうと思ったけれども死ねなかった、と言っていた。

一皮めくれば、繁栄の陰で、社会からこぼれ落ちた人が沢山いる。

その原因は、もちろん社会にもある。が、人の心なのではあるまいか。

一寸大げさになるが、世界を見渡せば、環境破壊、核戦争の危機などが叫ばれている。それも、煎じ詰めれば、人間の心が問題なのではあるまいか。

見える世界を変えるのは、世の中の人に任せておけばいいと思う。我々お道の者は、見えない心の世界を変えていきたい。

まず、自分自身の心を、冷たい心からあたたかい心へ大変革させたい。そして、家族に、周囲の人達に、あたたかい心の大切さを伝えて、心の変革を勧めていく。やがて、みんなが陽気ぐらしを楽しむようになったら素晴らしいと思う。

拙著出版にあたり、養徳社の冨松幹禎社長、編集部の方々に心からお礼申し上げます。

著　者

令和二年七月

中臺 勘治（なかだい・かんじ）
昭和22年(1947年)、東京都生まれ。同47年、慶応大学大学院社会学研究科修士課程修了。同50年、天理教校本科卒業。同51年、29歳で報徳分教会10代会長就任。青年会日本橋分会委員長、少年会日本橋団団長、布教部長を歴任し、現在は日本橋大教会役員、本部布教部講演講師。
著書に『みかぐらうた』(日本橋大教会刊)、『天の理に沿う』(道友社刊)、『人間がたすかる原理』（養徳社刊）がある。

心の大変革
—あたたかい心が幸せを築く—

令和2(2020)年8月26日　初版第一刷発行
著　者　　中　臺　勘　治
発行所　　図書出版 養徳社
〒632－0016　奈良県天理市川原城町388
TEL 0743－62－4503　FAX 0743－63－8077
https://yotokusha.co.jp/
振替 00990－3－17694
印刷所　　(株)天理時報社
〒632－0083　奈良県天理市稲葉町80

ISBN 978－4－8426－0128－1
定価はカバーに表示してあります。